MW01635527

● 신바람 독학 시리즈

김 진 수 지음

SAMJI BOOKS

머 리 말

프랑스, 프랑스어라고 하면 누구든지 예술의 나라, 부드러운 말, 상송, 포도주 등을 떠올립니다.

그리고 프랑스 영화의 은은한 분위기도 연상시킬 것입니다.

고속전철의 TGV로의 선정, 미테랑대통령의 방한 등으로 어느 때보다 프랑스어에 대한 관심이 높습니다.

국제화시대에 꼭 필요한 언어이기도 합니다. 그렇지만 표기된 단어를 특이하게 발음하는 언어라고도 합니다.

「프랑스어 첫걸음」은 프랑스어를 배우고자 하는 모든 사람이 쉽게 접근할 수 있도록 만들었습니다. 아울러 프랑스 문화에 관한 읽을 거리를 통해 재미있게 프랑스어를 익힐 수 있으리라 믿습니다.

94. 1.

김 진 수

차 례

1A 표시는 녹음 테이프의 면 표시입니다.

프랑스어에 대해 알아 봅니다.

1A

프랑스의 자모

A	**a**	[ɑ]	아	**N**	**n**	[ɛn]	엔
B	**b**	[be]	베	**O**	**o**	[o]	오
C	**c**	[se]	쎄	**P**	**p**	[pe]	뻬
D	**d**	[de]	데	**Q**	**q**	[ky]	뀌
E	**e**	[ə,e]	으	**R**	**r**	[ɛ:r]	에르
F	**f**	[ɛf]	에프	**S**	**s**	[ɛs]	에스
G	**g**	[ʒe]	줴	**T**	**t**	[te]	떼
H	**h**	[ɑʃ]	아슈	**U**	**u**	[y]	위
I	**i**	[i]	이	**V**	**v**	[ve]	베
J	**j**	[ʒi]	지	**W**	**w**	[dubləve]	두블르베
K	**k**	[kɑ]	까	**X**	**x**	[iks]	익스
L	**l**	[ɛl]	엘	**Y**	**y**	[igrɛk]	이그렉
M	**m**	[ɛm]	엠	**Z**	**z**	[zɛd]	젵

프랑스어의 글자는 위에서 본 것처럼 26자이지만, 프랑스어가 가진 소리는 38종이다. 그 까닭은 한 글자가 두 가지 또는 세 가지로 발음되는 경우도 있기 때문이다. 프랑스어가 가진 38음소를 분류해 보면 모음 16종, 자음 19종, 반자음 3종이다.

철자 기호

[']	악쌍떼귀	l'accent aigu	é
[`]	악쌍그라브	l'accent grave	à, è, ù
[^]	악쌍씨르꽁프렉스	l'accent circonflexe	â, ê, î, ô, û
[ç]	쎄디유	la cédille	ç
[¨]	트레마	le tréma	ë, ï, ü
[']	아뽀스트로프	l'apostrophe	j'ai
[-]	트레뒤니옹	le trait d'union	est-il

프랑스어에서 악쌍은 강세기호인 악센트가 아니고 철자상의 보조기호이다. 예컨대 e 로만 표기되어 있으면 조음이 불분명한 소리지만 bébé는 「베베」라고 폐음으로 발음되며, 악쌍그라브를 붙이는 père(뻬르), mère(메르) 경우에는 「에」 모음이 조금 더 열리는 개음으로 발음되게 한다. 악쌍 씨르꽁프렉스는 역사적인 흔적을 보여주는 것으로 우리말의 사이시옷과 비슷한 기능을 한다. 축제를 뜻하는 fête는 「펫뜨」로 발음되지만 섬을 뜻하는 île은 「일」로 발음된다. 쎄디유(ç) 는 〔k〕 음을 〔s〕로 바꾸어 준다.

garçon은 「가르쏭」, leçon은 「르쏭」으로 발음되게 한다.

프랑스어의 발음

자음과 모음의 구별에서, 프랑스어에는 이들의 중간 성질인 반자음(혹은 반모음)이 있다.

1 모 음

모음은 구강모음과 비강모음으로 구분되는데, 비강모음이란 콧소리를 뜻한다.

⑴ [a]와 [ɑ] 아
[a]는 앞쪽에서 나는 소리이며, [ɑ]는 입 안쪽에서 나는 소리다. 오늘날에는 [a]로 통일되어 가는 경향이 있다.

⑵ [e]와 [ɛ] 에
[e]는 폐음으로 입을 작게 열고 앞쪽에서 소리내는 반면에, [ɛ]는 개음으로 입을 좀 더 크게 열고 [e]보다 아래쪽에서 소리를 낸다.

⑶ [o]와 [ɔ] 오
역시 위의 [e]와 [ɛ]처럼 입의 여는 정도에서 차이가 난다.

⑷ [y] 위
우리 말의 〔위〕와 비슷한 소리이며, 휘파람을 불 때처럼 입을 동그랗게 하고 앞으로 내밀며 소리를 낸다.

⑸ [ø] 외
[œ]와 비슷하지만 닫힌 소리다. 혀는 [e], 입술은 [o]를 내는 요령으로 하여 소리를 내는데, 우리 말에서 비슷한 음을 찾을 수는 없지만 대략 〔외〕의 입모양으로 〔으〕 소리를 내면 비슷해진다.

⑹ [œ]　왜

혀는 [ɛ], 입술은 [ɔ]를 내는 요령으로 하여 소리를 내는데, 우리 말의 〔왜〕와 비슷한 소리를 갖는다.

⑺ [ɑ̃] [ɛ̃] [ɔ̃]

각각 우리 말의 〔앙〕〔엥〕〔옹〕 소리와 유사하다.

2 반 자 음 [j] [w] [ɥ]

모음의 구실을 제대로 하지 못하고 아주 짧게 발음되는 것으로 여겨져, 자음으로 사용되는 것을 말한다. 특히 〔모음+j〕가 마지막 음이 될 때에는 〔j〕 소리가 끝에서 〔으〕 소리가 되도록 발음하게 된다.

3 자 음

⑴ [p] [t] [k] [s]

위의 자음들은 「쁘, 뜨, 끄, 쓰」와 같은 경음을 기본음으로 한다.

⑵ [ɲ]

[n]이 변질된 소리로 「비녀」 또는 「꼬냑」을 발음할 때 나는 소리이다.

⑶ [r]

우리에게 가장 어려운 음 중의 하나인데, 우리 말의 〔ㄹ〕과 〔ㅎ〕을 합한 듯한 소리다. 소리를 내는 방법은 혀를 굴려서 내는 방법과 혀를 아래로 숙여 목젖을 울려 내는 방법이 있다.

4 연 음(liaison : 리에종)

연음이란 어미 자음이 뒤에 오는 단어의 어두 모음이나 무음 h와 만나서 발음되는 것을 말한다.

(1) 연음시의 발음 변화

① - d, - g는 [t], [k]로 된다.

grand ami [grɑ̃tami] 그랑 따 미	long été [lɔ̃kete] 롱께떼

② - x, - s는 [z]로 된다.

des amis [dezami] 데자미	dix amis [dizami] 디자미

③ - f, - s는 [v]로 된다.

neuf heures [nœvœr]
네베르

5 모음 생략(élision : 엘리종)

프랑스어에서는 모음이 거듭해서 나오는 것을 회피한다. 그래서 앞 단어가 모음으로 끝나고 그 다음에 오는 어휘도 모음이나 무음 h로 시작되면 축약이 된다.

(1) 정관사	le, la 르 라	l'hôtel, l'usine 로뗄 뤼진
(2) 지시대명사	ce 쓰	c'est 쎄
(3) 인칭대명사	je 즈	J'aime 잼
	te 뜨	Je t'aime 즈 뗌
	le/la 르 라	Je l'aime 즈 렘

	me 므	Tu m'aimes 뛰 멤
	se 쓰	Il s'est promené 일 쎄 프로므네
(4) 전치사	de 드	d'usine 뒤진
(5) 접속사	si 씨	s'il (그러나 si elle) 씰 씨 엘
(6) 지시대명사	que 끄	qu'est-ce que c'est? 께스 끄 쎄

7 비모음(鼻母音)

(1) in, im, ain, aim, ein은 [ɛ̃]으로 발음한다.

matin [mɑ-tɛ̃] 아침
마 땡

simple [sɛ̃:pl] 배고픔
쌩쁠

main [mɛ̃] 손
멩

faim [fɛ̃] 배고픔
팽

plein [plɛ̃] 가득한
쁠랭

(2) an, am, en, em은 [ɑ̃]으로 발음한다.

manteau [mɑ̃-to] 외투
망 또

jambe [ʒɑ̃:b] 다리(사람의)
장브

enfant [ɑ̃-fɑ̃] 어린이
앙 팡

ensemble [ɑ̃-sɑ̃:bl] 함께
앙쌍블

(3) on, om의 발음은 [ɔ̃]

salon [sa-lɔ̃] 거실
쌀롱

nom [nɔ̃] 이름
농

⑷ un, um의 발음은 [œ̃]

lundi [lœ̃-di] 월요일
랭디

parfum [par-fœ̃] 향수
빠르팽

8 반모음(半母音)

⑴ i+모음=[j], on+모음=[w], u+모음= [ɥ]

radio [rɑ-djo] 라디오
라디오

avion [ɑ-vjɔ̃] 비행기
아비옹

oui [wi] 네(긍정대답)
위

Louis [lwi] 루이(남자이름)
루이

nuit [nɥi] 밤
뉘

nuage [nɥaːʒ] 구름
뉘아쥬

⑵ oi [wa]

voiture [vwa-tyːr] 승용차
봐뛰르

toi [twa] 너
똬

⑶ ay [ɛj], oy [waj]

crayon [krɛ-jɔ̃] 연필
크레용

voyage [vwa-jaːʒ] 여행
봐야쥬

r (에르) 다음에는「ㅃ, ㄸ, ㄲ」경음이「ㅍ, ㅌ, ㅋ」로 된다.

⑷ ail (l) [aj], eil (l) [ɛj], euil (l) [æj], ill [ij]

travail [tra-vaj] 일
트라바이

travailleur [tra-va-jœːr] 근면한
트라바이예르

soleil [sɔ-lɛj] 태양
쏠레이

bouteille [bu-tɛj] 병
부떼이

deuil [dœj] 초상
되이

feuille [fœj] 나뭇잎
페이

famille [fa-mij] 가족
파미

9 자음

(1) c는 a, o, u 앞에서는 [k], e, i 앞에서는 [s], 그리고 ç(쎄디유)는 [s]로 발음한다.

café [ka-fe] 커피
까페

content [kɔ̃-tɑ̃] 만족한
꽁땅

ceci [sə-si] 이것
쓰씨

caprice [ka-pris] 변덕
까프리스

français [frɑ̃-sɛ] 프랑스의
프랑쎄

reçu [rə-sy] 영수증
르쒸

(2) g는 a, o, u 앞에서는 [g], e, i 앞에서는 [ʒ]로 발음한다.

garçon [gar-sɔ̃] 소년
가르쏭

aigu [e-gy] 날카로운
에귀

vogue [vɔg] 유행
보그

guide [gid] 가이드
기드

neige [nɛ:ʒ] 눈
네쥬

gorge [gɔrʒ] 목구멍
고르쥬

Georges [ʒɔrʒ] 죠르쥬
죠르쥬

mangeais [mɑ̃-ʒɛ] 먹고있었다
망줴

(3) h는 항상 무음이다. 따라서 「홍길동」에서처럼 〔ㅎ〕음은 나지 않는다.

hôpital [ɔ-pi-tal] 병원
오삐딸

haut [o] 높은
오

(4) ch는 [ʃ], gn는 [ɲ], qu는 [k] 로 발음된다.

chemin [ʃə-mɛ̃] 길
슈멩

chat [ʃa] 고양이
샤

montagne [mɔ̃-taɲ] 산
몽따뉴

signal [si-ɲal] 신호
씨냘

quatre [katr] 넷
까트르

quinze [kɛ̃:z] 열 다섯
깽즈

⑸ s는 [s] 로 발음되지만 모음 사이에는 [z] 로 발음한다.

chose [ʃo:z] 사물
쇼즈

maison [mɛ-zɔ̃] 집
메종

⑹ 이중자음은 두 배로 길게 소리내거나, 된소리를 내는 것이 아니라 하나의 자음처럼 발음한다.

nouvelle [nu-vel] 소식
누벨

homme [ɔm] 남자, 사람
옴

connaître [kɔ-nɛtr] 알게되다
꼬네트르

pierre [pjɛ:r] 돌
삐에르

poisson [pwa-sɔ̃] 생선
뽀아쏭

attentif [a-tɑ̃-tif] 주의 깊은
아땅띠프

accord [a-kɔ:r] 동의
아꼬르

occupé [ɔ-ky-pe] 분주한
오뀌뻬

succès [syk-sɛ] 성공
쒹쎄

accident [ɑk-si-dɑ̃] 사고
악씨당

⑺ 어미자음은 일반적으로 발음하지 않지만 c, r, f, l은 발음되는 경우도 있다.

lit [li] 침대
리

bois [bwa] 목재
봐

chaud [ʃo] 더운
쇼

long [lɔ̃] 긴
롱

temps [tɑ̃] 시간
땅

deux [dø] 둘
되

lac [lak] 호수
락

jour [ʒuːr] 하루
쥬르

neuf [nœf] 새로운
네프

프랑스어 공부를 시작합니다.

제1과

Bonjour! 안녕하세요.

1 **Suzanne** : Bonjour, Monique.
쒸잔 봉쥬르, 모니끄

Monique : Bonjour, Suzanne.
모니끄 봉쥬르 쒸잔

Suzanne : Ça va?
쒸잔 싸 바

Monique : Ça va bien, merci.
모니끄 싸 바 비엥 메르씨

역 **쒸 잔** : 안녕, 모니끄.
모니끄 : 안녕, 쒸잔.
쒸 잔 : 잘 지내니?
모니끄 : 응, 잘 지내, 고마워

2 **Madame Caron** : Bonjour, Monsieur.
마담 까롱 봉쥬르 므쓔

Monsieur Bonnet : Bonjour, Madame.
므쓔 보네 봉쥬르 마담

Madame Caron : Comment allez-vous?
마담 까롱 꼬망 딸레 부

Monsieur Bonnet : Je vais bien, merci.
므쓔 보네 즈 베 비엥, 메르씨

역 **까롱 부인** : 안녕하세요, 선생님.
보네씨 : 안녕하세요, 부인.
까롱 부인 : 어떻게 지내세요?
보네씨 : 잘 지내고 있습니다. 감사합니다.

3 **Michel** : Au revoir, Didier.
미셸 오 르봐 디디에

Didier : Au revoir, Michel.
디디에 오 르봐 미셸

역 **미 셸** : 잘가, 디디에.
디디에 : 잘가, 미셸.

단어와 표현

(1) 위의 1과 2는 사람들이 서로 만나서 나누는 인사이고, 3은 헤어질 때 하는 인사다. 1의 대화는 비슷한 또래의 사람들이나 친한 친구사이의 인사이고, 2는 예의를 갖춘 인사다. 여기서 서로 만났을 때의 인사를 살펴보자.

Bonjour Monsieur. 안녕하세요 선생님.
봉쥬르 므쓔

Bonjour Madame. 안녕하세요 부인.
봉쥬르 마담

Bonjour Mademoiselle. 안녕하세요 아가씨.
봉쥬르 맏모아젤

Bonjour tout le monde. 모두들 안녕하십니까.
봉쥬르 뚜 르 몽드

(2) 프랑스어의 인사에서는 간단히 Bonjour(봉쥬르) 하는 일도 많지만, 예의를 갖추려면 Madame(마담), Mademoiselle(맏모아젤), Monsieur(므쓔)를 붙여 주는 것이 좋다. 친한 사이에서는 다음과 같이 이름을 불러 주는 것도 정답게 들린다.

Bonjour Pierre. 안녕 삐에르.
봉쥬르 삐에르

Bonjour Marie. 안녕 마리.
봉쥬르 마리

Comment allez-vous? 어떻게 지내십니까?
꼬망 딸레 부

Comment ça va? 잘 지내요?
꼬망 싸 바

Ça va? 안녕?
싸 바

(3) Bonjour와 같이 쓸 수 있는 인사에 Salut!도 있다.
봉쥬르 쌀뤼

Salut Pierre, ça va? 안녕, 삐에르.
쌀뤼 삐에르 싸 바

Salut Jean? 안녕, 쟝.
쌀뤼 쟝

(4) 헤어질 때의 인사는 가장 흔히 Au revoir!라고 하며 Au revoir!라
오 르봐 오 르봐
고 하면 상대방도 Au revoir!라고 한다.
오 르봐

Au revoir, Monsieur. 안녕히 가세요(계세요).
오 르봐 므쓔

Au revoir, Madame.
오 르봐 마담

Au revoir, Mademoiselle.
오 르봐 맏모아젤

⑸ Salut는 누군가를 만났을 때 뿐만 아니라 헤어질 때도 쓴다.
쌀뤼

Salut Jean-Claude. 장끌로드 안녕.
쌀뤼 쟝 끌로드

Salut Pierre. 삐에르, 잘 가.
쌀뤼 삐에르

Salut, au revoir Marie. 마리, 안녕.
쌀뤼 오 르봐 마리

⑹

① Dis bonjour à ton ami Pierre. :
친구 삐에르에게 인사해 보자.

② Dites bonjour à votre professeur. :
선생님께 인사해 보시오.

→ Bonjour Pierre.
봉쥬르 삐에르

Bonjour Monsieur.
봉쥬르 므쓔

⑺ 다음을 완성시켜 보자.

…………………?

Ça va bien, merci.
싸 바 비엥 메르씨

→ Ça va? 또는 Comment ça va?
싸 바 꼬망 싸 바

⑻ 헤어질 때 하는 인사를 연습해 보자.

Au revoir, Madame.
오 르봐 마담

Au revoir, Didier.
오 르봐 디디에

발음

1. 다음 알파벳으로 시작되는 사람들의 이름을 발음해 보자.
   여기서 comme은 「~처럼」이란 뜻.

A comme Anne, Arnaud...
아 꼼 안 아르노

B comme Béatrice, Bernard...
베 꼼 베아트리쓰 베르나르

C comme Cécile, Christophe...
쎄 꼼 쎄실 크리스또프

D comme Dorothée, Didier...
데 꼼 도로떼 디디에

E comme Estelle, Éric...
으 꼼 에스뗄 에릭

F comme Françoise, Frédéric...
에프 꼼 프랑스와즈 프레데릭

G comme Gaële, Gilles...
줴 꼼 가엘 질

2. Madame [madam]
   마담

   Mademoiselle [madmwazɛl]
   맏모아젤

Monsieur [məsjø]
므쓔

Mademoiselle은 우리가 알고 있는 「마드모아젤」 보다는 「맏모아젤」로 발음되며 Monsieur에서 on과 끝의 r은 발음되지 않는다.
자주 사용하게 되는 '므쓔' '마담' '마드모아젤' 등의 발음은 예외적이다.
Monsieur는 일상회화에서는 모음 뒤의 [ə]가 탈락한다.

Oui, monsieur [wi məsjø] 네, 선생님
위, 므쓔

3. bonjour, au revoir, ça va, merci.
봉쥬르 오 르봐 싸 바 메르씨

연습문제

1. être 동사를 알맞게 변화시켜 보시오.

① Moi, je (*être*) journaliste. 나는 기자다. → suis
봐, 즈 쒸 쥬르날리스뜨

② Toi, tu (*être*) Anglais. 너는 영국인이다. → es
똬, 뛰 에 앙글레

③ Lui, il (*être*) ingénieur. 그는 엔지니어다. → est
뤼, 일 에 엥제니에

④ Elle, elle (*être*) secrétaire. 그녀는 비서다. → est
엘, 엘 에 쓰크레떼르

⑤ Nous, nous (*être*) musiciens. 우리는 음악가다. → sommes
누, 누 쏨 뮈지씨엥

⑥ Vous, vous (*être*) étrangers. 당신들은 외국인들이다. → êtes
부, 부 제뜨 에트랑제

⑦ Eux, ils (*être*) étudiants. 그들은 학생들이다. → sont
으, 일 쏭 에뛰디앙

⑧ Elles, elles (*être*) Françaises. 그 여자들은 프랑스인이다.
엘, 엘 쏭 프랑세즈

→ sont

◆ être 동사는 Je suis | Nous sommes 처럼 활용된다.

Je suis	Nous sommes
Tu es	vous êtes
Il est	Ils sont
(Elle)	(Elles)

journaliste 기자	Anglais 영국인	ingénieur 엔지니어
secrétaire 비서	musicien 음악가	étranger 외국인
étudiant 학생	Français 프랑스인	marin 선원
pilote 조종사		

2. c′est 또는 ce sont을 쓰시오.

① Ce (*être*) un journaliste. 이 사람은 기자다. → C'est
쎄 떵 쥬르날리스뜨

② Ce (*être*) une secrétaire. 이 사람은 비서다. → C'est
쎄 뛴 쓰크레떼르

③ Ce (*être*) un ingénieur. 이 사람은 엔지니어다. → C'est
쎄 떤 엥제니에

④ Ce (*être*) des musiciens. 이 사람들은 음악가다. → Ce sont
쓰 쏭 데 뮈지씨엥

⑤ Ce (*être*) des Allemands. 이 사람들은 독일 사람들이다.
쓰 쏭 데 알망
→ Ce sont

⑥ Ce (*être*) des étrangers. 이 사람들은 외국인들이다.
쓰 쏭 데 제트랑제
→ Ce sont

⑦ Ce (*être*) un Anglais. 이 사람은 영국인이다. → C'est
쎄 떤 앙글레

⑧ Ce (*être*) des étudiants. 이 사람들은 학생들이다.
쓰 쏭 데 제뛰디앙
→ Ce sont

◈ 「~입니다」라고 할 때, 단수일 대는 c'est…, 복수일 때는 ce sont… 라고 한다.

TGV

떼제베(TGV)는 프랑스어로 「매우 빠른 기차」(Train à Grande Vitesse)라는 뜻이다. 현재 영업속도는 시속 3백 km로 세계에서 가장 빠르다. 독일 ICE가 2백 80km, 일본 新幹線이 2백 70km이다. 최고속도 역시 5백 15.3km로 세계 정상이다. 이때문에 TGV는 「탄환열차」「꿈의 열차」 등으로 불리며 「프랑스의 자존심」을 대변하고 있다.

프랑스는 지난 64년 부터 초고속전철 개발에 나서 72년 TGV 001호를 제작, 안전도, 신뢰도 등에 대한 시험 끝에 81년 최고시속 3백 80km의 당시 세계최고기록을 세우며 본격적인 고속전철시대를 열었다.

이 해 9월 빠리와 리용을 잇는 동남선에서 첫운행을 한 TGV는 상업속도 2백 70km를 기록, 세계를 놀라게 했다. 지난 89년 빠리-르망을 잇는 아트란틱 노선에 투입되고 있는 제 2세대 TGV는 영업속도가 3백km로 높아졌다. 94년부터 일부구간은 3백20km로 운행할 예정이다. 97년 실용화를 위해 개발중인 제 3세대 TGV는 시속 3백 50km를 넘어설 전망이다. TGV의 고속질주의 비밀은 첨단 기술로 강력한 동력과 더 가볍고 튼튼한 소재를 개발한 데 있는 것으로 알려져 있다.

빠른 것 이외에도 TGV는 안전성, 호환성 등에서도 한발 앞서는 고속전철로 평가되고 있다. 12년간 2억여명의 승객을 수송했지만 단 한건의 인명사고도 없었다는 것이다. TGV는 개통 4년 만에 흑자를 내기 시작해 89년에는 17억 2천여만 프랑의 순이익을 남기는 등 10년도 안돼 투자비를 1백% 회수한 것도 특기할 기록이다. 기존 선로에서도 2백~2백 20km의 속도를 낼 수 있는 호환성을 갖춘 것도 큰 특징이다. 3.5%의 언덕길을 힘들이지 않고 오를 수 있는 강력한 등판력도 돋보인다.

그같은 명성덕에 TGV는 한국을 포함해 각종 국제 수주전에서 1백%의 완승을 거두는 기록행진을 계속하고 있다. AVE로 불리는 스페인의 마드리드~세비야간 TGV는 92년 4월 개통, 운행중이며 미국 텍사스주는 91년 5월 휴스턴~댈라스~산안토니오 고속전철건설을 TGV에 맡겼다. 93년 1월에는 파리~브뤼셀~암스테르담~쾰른을 잇는 유럽통합노선도 수주했다. 영불해저터널 노선은 내년부터 운행한다. 이외에도 TGV는 현재 대만 캐나다 호주 브라질 러시아 중국 등에도 진출을 시도하고 있다. 프랑스 국내에서는 2천년까지 3천 5백km의 노선을 신설할 예정이다. 2010년까지는 총 1만 1천 km에 연간 1억 6천만 명의 승객을 수송할 계획이다.

대서양 TGV

빠리와 대서양 지역을 연결하는 TGV Atlantique (또는 TGV A) 계획은 1983년 확정되어 1985년 2월 착수되었다. 이 사업의 일환으로 빠리~르망 및 뚜르를 연결하는 고속전용 노선을 신설 중에 있으며, 이에 기존 노선을 연결하여 대서양 연안 도시들까지 운행하게 되며 상업 운행은 1989년 가을부터 시작했다.

이 지역은 평야 지대이므로 신설 고속 노선의 최대 구배를 2.5%, 이 고속 노선에서의 상업 운행 최고 시속을 300km, 기존 노선에서의 최고 속도를 220km로 설정하였다. (TGV PSE는 최대 구배 3.5%, 고속 노선에서의 최고 속도 270km) 또 TGV PSE는 10량 1편성 8량 객차임에 반하여 TGV A는 12량 1편성 10량 객차로 구성되어 있다.

이처럼 속도를 증가시키고 구성 대수를 늘인 것은 TGV PSE 개발 완료 이후 10여 년에 걸쳐 이루어진 전력 전자, 견인 모터와 부대시설, 제동 및 집전 장치 분야에서의 기술 향상을 통하여 가능하였다.

TGV PSE 차량이 270km로 주행할 때 발생하는 진동은 기존 노선에서 160로 주행하는 Corail 차량보다 조금 더 심하나 TGV A 차량에서는 이를 Corail 차량 수준으로 낮추었다. 소음은 TGV PSE에서도 문제되지 않았으나 Atlantique 노선에서는 이를 더 낮추었으며 공기조화 계통과 차량 내장 및 부대시설들을 대폭 개선하였다. 이러한 고급화에도 불구하고 좌석—주행 거리당 보수유지 비용은 TGV PSE에 비해 20% 정도 감소할 것으로 예측된다.

제2과

Michel, Suzanne et Raymond 미셸가족

1 Michel est le fils de Monsieur et de
마셸 에 르 피쓰 드 므쓔 에 드

Madame Caron.
마담 까롱

Suzanne est la fille de Monsieur et de
쒸잔 에 라 피으 드 므쓔 에 드

Madame Caron.
마담 까롱

Madame Caron est la mère et Monsieur
마담 까롱 에 라 메르 에 므쓔

Caron est le père.
까롱 에 르 뻬르

역 미셸은 까롱씨 부부의 아들이다.
쒸잔은 까롱씨 부부의 딸이다.
까롱 부인은 어머니이고 까롱씨는 아버지이다.

2 Michel est le frère de Suzanne.
미셸 에 르 프레르 드 쒸잔

Suzanne et la sœur de Michel et de Raymond.
쒸잔 에 라 쐐르 드 미셸 에 드 레몽

역 미셸은 쒸잔의 남동생이다.
쒸잔은 미셸과 레몽의 누이다.

단어와 표현

(1) 2과에서는 가족관계의 표현들을 중심으로 익히며 아울러 정관사와 être 동사를 익힌다.

Le père de Michel 미셸의 아버지
르 뻬르 드 미셸

Le père de Suzanne 쒸잔의 아버지
르 뻬르 드 쒸잔

La mère de Suzanne 쒸잔의 어머니
라 메르 드 쒸잔

La mère de Raymond 레몽의 어머니
라 메르 드 레몽

La fille de Monsieur Caron 까롱씨의 딸
라 피으 드 므쓔 까롱

Le fils de Monsieur Caron 까롱씨의 아들
라 피쓰 드 므쓔 까롱

다음과 같이 명사의 성이 남성일때는 m., 여성일때는 f.를 약자로 쓴다. 모든 프랑스어의 명사는 남성 또는 여성이다.

· **frère n.m.** 남자형제 즉 형 또는 남동생

Vous avez des frères et des sœurs?
부 자베 데 프레르 에 데 쐐르

당신은 남자, 여자 형제들이 있나요?

Non, je suis fils unique.

농, 즈 쒸 피쓰 위니끄

아뇨, 저는 외아들입니다.

※ 형은 frère aîné, 동생은 frère cadet 라는 표현이 있지만
프레르 에네 프레르 까데
거의 사용하지 않는다.

Pierre et Jacques sont frères.

삐에르 에 쟈끄 쏭 프레르

삐에르와 쟈끄는 형제이다.

프랑스어에서 복수형의 끝에 붙은 S는 발음되지 않는다.

· **sœur n.f.** 여자형제, 여기에서처럼 o와 e가 붙어 나올 때는 œ처럼 붙여서 쓴다.

Les Durand ont deux enfants, Pierre, leur fils, et sa petite sœur, Charlotte.

레 뒤랑 옹 되 장팡 삐에르 레르 휘쓰 에 싸 쁘띠뜨 쐐르 샤를로뜨

뒤랑씨는 자식이 둘이다. 아들은 삐에르이고 딸은 샤를로뜨이다.

※ les Durand에서와 같이 고유명사에는 끝에 S를 붙이지 않는다.
예컨대 김씨가족은 les Kim 이라고 쓴다.

Chantal et Francine sont sœurs et pourtant
샹딸 에 프랑씬 쏭 쐐르 에 뿌르땅

elles ne se ressemblent pas.
엘 느 쓰 르쌍블 빠

샹딸과 프랑씬은 자매지만 서로 닮지 않았다.

• **mère n.f.** 어머니
메르

Ma mère a cinq ans de moins que mon
마 메르 아 쌩깡 드 모엥 끄 몽

père.
뻬르

어머니는 아버지보다 5살이 적다.

• **père n.m.**. 아버지
뻬르

Maman, je peux regarder la télé?
마망 즈 쁘 르가르데 라 떼레?

엄마 TV봐도 돼요?

Demande à ton père! 아버지한테 물어 봐라!
드망드 아 똥 뻬르

(2) 다음 앞에 le 또는 la를 붙여서 남성과 여성을 구분해 보자.

sœur, frère, fils, fille, père, mère.
쐐르 프레르 피쓰 피으 뻬르 메르

→ la, le, le, la, le, la
라 르 르 라 르 라

(3) 문장이 되도록 순서를 바로 잡아보자.

frère

Suzanne Michel

est

le de

→ Michel est le frère de Suzanne.
미셸 에 르 프레르 드 쒸잔

미셸은 쒸잔의 오빠(남동생)이다.

(4) 다음 인사를 순서대로 놓아 보자.

① Ça va bien, merci. 잘 지냅니다. 고마와요.
싸 바 비엥 메르씨

② Bonjour! 안녕!
봉쥬르

③ Ça va? 안녕? → 2, 3, 1
싸 바

발음

1. '엘렌' 부터 '미셸' 까지의 이름들을 알파벳과 더불어 발음해 보자.

H comme **H**élène, **H**ervé...
이슈 꼼 엘렌 에르베

H는 엘렌, 에르베에서 처럼 발음한다.

I comme **I**sabelle, **I**sidore...
이 이자벨 이지도르

J comme **J**ulie, **J**acques...
지 쥘리 쟈끄

K comme **K**arin, **K**léber...
까 까린 끌레베

L comme **L**aurence, **L**uc...
엘 로랑쓰 뤽

M comme **M**arie, **M**ichel...
엠 마리 미셸

2. **la fille** [fij] 딸
라 피으

le fils [fis] 아들
르 피쓰

fille에서는 l 발음이 아니라 〔j〕 반모음이 되고 fils 에서는 l 이 발음되지 않고 〔fis〕인 것에 주의하자.
papillon이 「빠삐용」으로 발음되고 Camille Claudel 이 「까미으 끌로델」로 발음되는 것도 역시 ll이 반모음으로 발음되는 예이다.

문법

être 동사 「~이다. ~에 있다」를 뜻하는 일반동사로 또는 여러가지
에트르
시제를 만드는 조동사로 프랑스어 동사중에서 가장 중요한 동사다.

Je suis 즈 쒸	나	Nous sommes 누 쏨	우리
Tu es 뛰 에	너	Vous êtes 부 제뜨	당신(당신들)
Il(Elle) est 일(엘) 에	그(그녀)	Ils(Elles) sont 일(엘) 쏭	그들(그여자들)

Il **est** blond. 그는 금발이다.
일 에 블롱

Ils **sont** dans la rue. 그들는 길에 있다.
일 쏭 당 라 뤼

Nous **sommes** en France. 우리들은 프랑스에 있다.
누 쏨 엉 프랑쓰

Je **suis** chauffeur de taxi. 나는 택시 운전기사이다.
즈 쒸 쇼페르 드 딱씨

연습문제

1. être동사를 변화시켜 보시오.

① Pierre *(être)* malade. 삐에르는 아프다. → est
삐에르 에 말라드

② Paul et moi, nous *(être)* fatigués. 뽈과 나, 우리는 피곤하다.
뽈 에 뫄 누 쏨 파띠게 → sommes

③ Je *(être)* blond. 나는 금발이다. → suis
즈 쒸 블롱

④ Marie *(être)* grande. 마리는 크다. → est
마리 에 그랑드

⑤ Nicolas et toi, vous *(être)* Français. → êtes
니꼴라 에 뚜아 부 제뜨 프랑쎄

니꼴라와 너, 너희들은 프랑스인이다.

⑥ Les exercices *(être)* difficiles. 연습문제는 어렵다. → sont
레 제그제르씨쓰 쏭 디피씰

⑦ Tu *(être)* aimable. 너는 다정하다. → es
뛰 에 에마블

⑧ Je *(être)* seul. 나는 혼자다. → suis
즈 쒸 쐴

malade 아픈	fatigué 피곤한	blond 금발의
grand 큰	exercice 연습문제	difficile 어려운
aimable 다정한, 정다운	seul 홀로인	petit 작은

2. 알맞는 주어를 쓰시오.

① ...... est un graçon charmant. 그는 매력있는 소년이다.
쎄 떵 가르쏭 샤르망 → C'

② ...... est blond. 그는 금발이다. → Il
일 에 블롱

③ ...... suis chauffeur de taxi. 나는 택시기사이다. → Je
즈 쒸 쇼페르 드 딱씨

④.....sont dans la rue. 그들(그 여자들)은 길에 있다. → Ils(Elles)
일(엘) 쏭 당 라 뤼

⑤...... n'êtes pas à Paris. 당신들은 빠리에 있지 않다. → Vous
부 네뜨 빠 자 빠리

⑥...... sommes en France. 우리는 프랑스에 있다. → Nous
누 쏨 엉 프랑스

⑦......n'est pas une belle voiture. 이것은 멋진 승용차가 아니다.
쓰 네 빠 쥔 벨 봐뛰르 → Ce

⑧...... sont des livres d'histoire. 이것들은 역사책들이다.
쓰 쏭 데 리브르 디스똬르 → Ce

garçon 소년
rue 길
livre 책
charmant 매력있는
chauffeur 운전수
histoire 역사
blond 금발인
voiture 승용차

프랑스인의 「행복관」

최근 프랑스의 시사주간지 누벨 옵세르바뙤르가 여론조사기관 소프레에 의뢰해 실시한 한 여론조사에 의하면, 프랑스 국민 1백명중 88명이 「행복하다」고 응답한 것으로 나타났다.

누벨 옵세르바뙤르는 '73년부터 10년 주기로 프랑스 국민의 행복관에 대한 여론조사를 실시해왔다. '73년에는 프랑스 국민의 89%가, '83년에는 92%가 「행복하다」고 말했다. '93년도의 프랑스 국민의 행복도는 '73년 및 '83년과 비교하면 다소 낮아졌지만 최근 프랑스가 겪고 있는 경제침체, 환경오염. 에이즈 만연 등 행복을 위협하는 장애물들이 늘어나고 있는 상황을 감안한다면 아직도 상당히 많은 프랑스인들이 행복을 느끼며 살아가고 있다는 사실이 의아스러울 정도다. 현재의 행복을 좀더 완벽하게 해줄 수 있는 것이 무엇이라고 생각하느냐는 물음에는 여행(37%)을 꼽은 사람들이 가장 많았다.

이번 여론조사에서는 또한 프랑스 국민 67%가 현재의 가계수입에 만족하고 있는 것으로 나타났다. '73년에는 55%가, '83년에는 59%가 「현재의 수입이 살아가기에 충분하다」고 말했다. 수입면에서 보면 만족도가 훨씬 높아진 것이다.

경제침체에도 불구하고 경제성장을 구가했던 '70년대와 '80년대에 비해 가계수입에 대한 만족도가 높은 이유는 무엇인가. 누벨 옵세르바뙤르는 프랑스 국민의 행복에 대한 관점이 과거에 비해 많이 달라졌다고 해석하고 있다. 물론 경제위기가 프랑스 국민의 행복관을 변화시켰지만 프랑스인들은 요즘 작은 행복들을 쌓아가는 것이 행복한 삶이라고 생각하고 있다는 것이다.

20년전 프랑스 국민이 추구했던 행복은 공동의 목표와는 상관없는 개인적인 행복이었으며, 그들은 행복의 첫째 조건으로 돈을 꼽았다. 이에 비해 오늘날 프랑스 국민이 생각하는 돈과 행복과의 관계는 어떤가. 단지 8%만이 「행복은 무엇보다도 돈과 연관이 있다」고 대답한 것으로 조사됐다. 「건강과 연관이 있다」고 응답한 사람이 49%로 가장 많았으며, 그 다음 「직업을 가지고 있다는 사실」이 32%로 2위를 차지했다. '73년도와 '83년도의 조사에서는 「행복이 직업과 연관이 있다」는 것은 5위에 머물렀다. 실업률이 날로 증가하는 상황에서 「직업을 가지고 있다는 사실」 그 자체에 만족하고 있는 것이다.

제3과

Qui es-tu? 너는 누구지?

1 **Le professeur** : Qui es-tu?
르 프로페쐬르 끼 에 뛰

Raymond : Je suis Raymond Caron.
레 몽 즈 쒸 레몽 까롱

Le professeur : Tu es le frère de Michel?
르 프로페쐬르 뛰 에 르 프레르 드 미셸

Raymond : Oui, Monsieur, je suis le
레몽 위 므쓔 즈 쒸 르

frère de Michel.
프레르 드 미셸

역 **선생님** : 너는 누구지?.
레 몽 : 저는 레몽 까롱입니다.
선생님 : 미셸의 동생인가?
레 몽 : 네, 선생님, 제가 미셸의 동생입니다.

② **Le professeur** : Qui es-tu?
르 프로페쐬르 끼 에 뛰

Suzanne : Je suis Suzanne Caron.
쒸잔 즈 쒸 쒸잔 까롱

Le professeur : Tu es la sœur de Michel?
르 프로페쐐르 뛰 에 라 쐐르 드 미셸

Suzanne : Oui, Monsieur, je suis la sœur de Michel.
쒸잔 위 므쓔 즈 쒸 라 쐐르 드 미셸

역 **선생님** : 너는 누구지?.
쒸 잔 : 저는 쒸잔 까롱입니다.
선생님 : 네가 미셸의 누나냐?
쒸 잔 : 네, 선생님, 제가 미셸의 누나입니다.

단어와 표현

(1) Raymond :"Je suis le frère de Michel".
레몽 즈 쒸 르 프레르 드 미셸

레 몽 나는 미셸의 남동생입니다.

Raymond est le frère de Michel.
레몽 에 르 프레르 드 미셸

레이몽은 미셸의 남동생입니다.

Le Professeur :"Qui es-tu"?
르 프로페쐬르 끼 에 뛰

선생님 너는 누구지?

Suzanne :"Je suis Suzanne Caron".
쒸잔 즈 쒸 쒸잔 까롱

쒸잔 나는 쒸잔 까롱입니다.

Suzanne est la sœur de Raymond.
쒸잔 에 라 쐐르 드 레몽

쒸잔은 레몽의 누이다.

Tu es le frère de Suzanne.
뛰 에 르 프레르 드 쒸잔

너는 쒸잔의 남동생이다.

(2) 다음의 공란을 채워보자..

Michel .... le frère de Suzanne.
미셸 에 르 프레르 드 쒸잔

미셸은 쒸잔의 남동생이다.

Tu .... la sœur de Michel?.
뛰 에 라 쐐르 드 미셸

너는 미셸의 누이지?

Oui, je .... la sœur de Michel.
위 즈 쒸 라 쐐르 드 미셸

네, 나는 미셸의 누이입니다.

→ est, es, suis

(3) 주어를 찾아 보자..

.... est la sœur de Raymond.
쒸잔 에 라 쐐르 드 레몽

쒸잔은 레몽의 누이다.

.... es le frère de Suzanne?.
뛰 에 르 프레르 드 쒸잔

네가 쒸잔의 남동생이니?

.... suis Madame Caron.
즈 쒸 마담 까롱

저는 까롱 부인입니다.

→ Suzanne, Tu, Je

(4) 뜻이 통하도록 다시 배열해 보자..

Suzanne est la de sœur Michel

→ Suzanne est la sœur de Michel
쒸잔 에 라 쐐르 드 미셸

쒸잔은 미셸의 누이다.

발음

⑴ '니꼴' 부터 '또마' 까지의 여자 이름, 남자 이름들을 알파벳과 더불어 소리내어 읽어 보자.

N comme **N**icole, **N**icolas...
엔 니꼴 니꼴라

O comme **O**dile **O**livier...
오 오딜 올리비에

P comme **P**atricia, **P**hilippe...
뻬 빠트리씨아 필립

Q comme **Q**uentin...
뀌 깡땡

R comme **R**ené, **R**ichard...
에르 르네 리샤르

S comme **S**ylvie, **S**téphane ...
에쓰 씰비 스떼판

T comme **T**atiana, **T**homas...
떼 따씨아나 또마

⑵ **qui** [ki] 누구
soeur [sœːr] 누이
frère [frɛːr] 형제

qui의 발음은 [kwi]가 아니라 [ki] 이고 sœur와 frère의 모음은 장모음인데에 주의하자.

문법

avoir「~을 가지고 있다.」
아봐르

J' ai 줴	나	Nous avons 누 자봉	우리
Tu as 뛰 아	너	Vous avez 부 자베	당신(당신들)
Il(Elle) a 일(엘) 아	그(그녀)	Ils(Elles) ont 일(엘) 종	그들(그여자들)

J' ai une montre. 나는 손목시계가 있다.
줴 윈 몽트르

Nous avons des livres. 우리는 책들을 갖고 있다.
누 자봉 데 리브르

Tu as un stylo. 너는 만년필을 갖고 있다.
뛰 아 엉 스띨로

Vous avez des amis. 당신은 친구들이 있습니다.
부 자베 데 자미

Il y a 「~이 있다.」
일 이 아

Il y a une lettre dans la boîte.
일 이 아 윈 레트르 당 라 봐뜨

우편함에 편지가 한 통 있다.

Il y a des clients dans le magasin.
일 이 아 데 끌리앙 당 르 마가젱

가게에는 고객들이 있다.

Il y a des arbres dans le jardin.
일 이 아 데 자르브르 당 르 자르뎅

정원에는 나무들이 있다.

Il y a trois tasses sur la table.
일 이 아 트롸 따쓰 쒸르 라 따블

탁자 위에 잔이 세개 있다.

연습문제

1. avoir 동사를 알맞게 변화시키시오.

① Je *(avoir)* une voiture. 나는 차가 한대 있다. → J' ai
쥬 원 봐뛰르

② Tu *(avoir)* un chat. 너는 고양이를 갖고 있다. → as
뛰 아 엉 샤

③ Elle *(avoir)* des lunettes. 그녀는 안경을 갖고 있다. → a
엘 아 데 뤼네뜨

④ Dans le jardin, on *(avoir)* une piscine. 정원에는 풀장이 있다.
당 르 자르뎅 온 아 윈 삐씬 → a

⑤ Il *(avoir)* une moto. 그는 오토바이가 있다. → a
일 아 윈 모또

⑥ Nous *(avoir)* un jardin. 우리는 정원을 갖고 있다. → avons
누 자봉 엉 자르뎅

⑦ Vous *(avoir)* les yeux bleus. 당신은 푸른 눈을 갖고 있다.
부 자베 레 지으 블뢰 → avez

⑧ Ils *(avoir)* une grande maison. 그들은 큰 집을 갖고 있다.
일 종 윈 그랑드 메종 → ont

voiture 승용차 chat 고양이 jardin 정원 piscine 풀장
lunettes 안경 (복수형으로만 쓰인다) moto 오토바이
yeux 눈 (단수는 œil) bleu 푸른 grand 갈색의 maison 집

2. 괄호 안에 알맞는 형태로 쓰시오.

① Il y *(avoir)* un homme à la fenêtre. 창문에 한 남자가 있다.
일 이 아 언 옴 아 라 프네트르 → a

② Il y *(avoir)* une lettre dans la boîte.
일 이 아 원 레트르 당 라 봐뜨
우편함에 편지가 하나 있다. → a
③ Il y *(avoir)* des clients dans le magasin.
일 이 아 데 끌리앙 당 르 마가젱
가게에 고객들이 있다. → a

Il y a~이 있다 homme 남자 fenêtre 창문 lettre 편지 boîte 상자, 박스
client 고객 magasin 가게 arbre 나무

3. 주어를 쓰시오.
① ...... avons des livres. 우리는 책들을 갖고 있다. → Nous
누 자봉 데 리브르
② ...... ai une montre. 나는 손목시계가 있다. → J'
줴 윈 몽트르
③ ...... a un stylo. 그는 만년필이 있다. → Il
일 아 엉 스띨로
④...... as un beau bébé. 너는 잘생긴 아기가 있다. → Tu
뛰 아 엉 보 베베

livre 책 montre 손목시계 stylo 만년필
beau 멋진, 잘생긴 bébé 아기

프랑스인의 소비생활

프랑스 국민들의 소비패턴도 변화했다. 허리띠를 졸라매야 할 형편의 사람들과 여유가 있는 사람들의 소비패턴에는 커다란 차이가 없다고 한다. 빠리의 부촌에 살고 있는 주부들도 식료품을 싸게 파는 가게를 발견하는 「작은승리」에 행복을 느끼곤 한다는 것이다.

가진자들은 부의 과시를 부끄러운 일로 느끼게 된것 같다고 누벨 옵세르바뙤르는 보도했다. 빠리의 한 자동차 수리공은 『메르세데스나 BMW를 소유하고 있는 부유층의 사람들이 수십만원을 들여 가면서까지 차의 고급정도를 말해주는 「500」이나 「750」과 같은 표시를 없애고 있다』고 전했다. 『2년 전만 해도 페라리 테스타 로사를 빨리 인도받기 위해서는 웃돈을 지불해야 했다. 그런데 요즘은 「고급차를 타고 다니는게 좀 파렴치한 일처럼 생각되어진다」면서 이미 자동차 값을 지불했음에도 불구하고 차의 인도날짜를 자꾸 연기하고 있다』고 한 자동차 판매업자는 전했다.

바캉스 문화도 달라졌다. 4주간의 바캉스를 즐기기 위해 6개월전에 미리 여행업체에 예약을 했던 프랑스인들이었지만 요즘은 가까운 곳에서 단지 며칠간의 휴가를 보내는 경향이 늘어나고 있다는 것이다.

프랑스인들이 전망하는 그들의 미래는 그리 밝지 못하다. 특히 젊은이들의 경우 더욱 그렇다. '73년의 여론조사에서는 프랑스 젊은이들 중 8%만이 노년생활을 어둡게 그렸으나 '93년의 경우 25%가 비관적인 생각을 가지고 있는 것으로 나타났다. 회사간부와 상인들의 경우는 20년 전 61%가 퇴직금으로 안락한 노후를 보낼 수 있을 것이라고 대답한 반면, 93년의 조사에서는 무려 40%나 감소한 21%만이 긍정적인 답변을 했다.

미래에 대한 불안 때문인지 프랑스인들은 행복을 이루기 위한 사회적인 가치로 자유보다는 「계층간의 균등, 평등」(48%)을 우선으로 꼽았다. 자유가 가장 중요하다고 말한 프랑스인들은 20년전 보다 21%가 낮은 13%에 불과했다. 프랑스인들은 서로 돕는 조화로운 사회를 꿈꾸고 있는지도 모른다. 15년전 앙드레 고르즈란 사람은 『실직자들을 행복하게 하기 위해 일자리를 나눠갖자』는 주장을 했다. 당시 우스갯 소리로 치부됐던 이 말이 오늘에 와서는 설득력을 갖고 있다.

CHANSON

La maladie d'amour	사랑의 병 (Michel Sardou 노래)
Elle court elle court La maladie d'amour Dans le cœur des enfants De sept à soixante dix-sept ans	사랑의 병은 7세의 어린이부터 77세의 마음에 까지 치닫고 있어요.
Elle chante elle chante La rivière insolente Qui unit dans son lit Les cheveux blonds Les cheveux gris	노래하며 흐르는 도도한 강물은 그 물결의 침대 위에서 금발 머리와 회색 머리들을 맺어줍니다.
Elle fait chanter les hommes Et s'agrandir le monde Elle fait parfois souffrir Tout le long d'une vie Elle fait pleurer les femmes Elle fait crier dans l'ombre Mais le plus douloureux C'est quand on en guérit	사랑의 병은 남자들을 노래하게 하고 세상을 위대하게 만들기도 하지만 때로는 일생동안 고통을 주기도 합니다. 여자들을 울리고 어둠 속에서 소리치게도 하지만 가장 괴로운 일은 그 병에서 나을 때입니다.
Elle surprend l'écolière Sur le banc d'une classe Par le charme innocent D'un professeur d'anglais Elle foudroie dans la rue Cet inconnu qui passe Et qui n'oubliera plus Ce parfum qui volait	사랑의 병은 영어 선생님의 순수한 매력으로 교실의 걸상에 앉아있는 어린 학생들을 사로잡습니다. 사랑의 병은 거리에서 지나가는 낯선 사람을 감전시키고 그는 퍼져가는 이 사랑의 향기를 결코 잊지 못할 겁니다.

제4과

L'album de Michel (I) 미셸의 앨범

1 **Suzanne** : Qu'est-ce que c'est?
쒸잔 깨 스 끄 쎄

Michel : Ça, c'est le pont d'Avignon.
미셸 싸 쎄 르 뽕 다비뇽

Suzanne : Ah, c'est le pont d'Avignon.
쒸잔 아 쎄 르 뽕 다비뇽

Suzanne : Et ça, qu'est-ce que c'est?.
쒸잔 에 싸, 깨 스 끄 쎄

Michel : Ça, c'est l'Opéra de Paris.
미셸 싸 쎄 로뻬라 드 빠리

Suzanne : Ah, c'est l'Opéra de Paris.
쒸잔 아 쎄 로뻬라 드 빠리

역 **쒸 잔** : 이 사진은 뭐야?.
미 셸 : 아비뇽의 다리야.
쒸 잔 : 아비뇽의 다리로구나.
쒸 잔 : 그럼 이건 뭐지?
미 셸 : 그건 빠리의 오페라 극장이야.
쒸 잔 : 아, 빠리의 오페라 극장이구나.

단어와 표현

(1) **Qu'est-ce que c'est?**
깨 스 끄 쎄

이것은 무엇입니까?

C' est le pont d' Avignon.
쎄 르 뽕 다비뇽

아비뇽의 다리입니다.

pont 다리, 교량 Avignon 프랑스 남부도시

(2) 모음생략

정관사, le, la 다음에 모음이나 무음 h로 시작하는 단어가 오면 다음과 같이 축약한다.

l'église 교회
레글리즈

l'opéra 오페라
로뻬라

l'hôtel 호텔
로뗄

l'	a, e, i, o, u, h(muet) 무음의 h

(3) la, le 또는 l'를 써 보자..

.... fils .... mère .... cathédrale
르 피쓰 라 매르 라 까떼드랄

아들, 어머니, 교회.

.... fille .... père .... professeur
라 피으 르 뻬르 르 프로페쐬르

딸, 아버지, 선생님.

.... opéra .... album .... histoire
로뻬라 랄봄 리스똬르

오페라, 앨범, 역사.

→ le, la, la

→ la, le, le

→ l', l', l'

※ professeur 는 여성형이 없다.

(4) 다음을 완성시켜 보자..

Je suis le fils de.................... 나는 ~의 아들이다.
즈 쒸 르 피쓰 드

la fille de.................. ~의 딸이다.
라 피으 드

Je suis le frère de................. 나는 ~의 형제이다.
즈 쒸 르 프레르 드

la sœur de................. ~의 자매이다.
라 쐐르 드

발음

(1) '위르쉴' 부터 '조에' 까지의 이름들을 알파벳과 함께 소리내어 읽어 보자.

U comme **U**rsule, **U**rbain...
위 위르쉴 위르뱅

V comme **V**alérie **V**incent...
베 발레리 벵쌍

W comme **W**illiam...
두블르베 윌리암

X comme **X**avier...
익스 자비에

Y comme **Y**olande, **Y**ves...
이그렉 욜랑드 이브

Z comme **Z**oé...
제드 조에

(2) **album** 앨범
알봄

pont 교량
뽕

Avignon 아비뇽市
아비뇽

아비뇽의 gn은 〔꼬냑〕 〔비녀〕등을 발음할 때 나는 소리이다.

문법

avoir를 이용한 표현

① **avoir chaud** 덥다.
아봐르 쇼

avoir sommeil 졸립다.
아봐르 쏘메이으

avoir froid 춥다.
아봐르 프롸

avoir besoin de
아봐르 브즈왱 드
~이 필요하다.

avoir faim 배고프다
아봐르 팽

avoir soif 목마르다.
아봐르 쏴프

② **J' ai soixante-dix ans.**
줴 스와쌍뜨 디장
내 나이는 70이다.

Nous avons des parents.
누 자봉 데 빠랑
우리에게는 부모님이 계신다.

Vous avez des enfants.
부 자베 데 장팡
당신에게는 자식들이 있다.

연습문제

1. 주어를 골라 동사와 일치시키시오.

① ...... *(avoir)* chaud. 너는 덥다. → Tu as
뛰 아 쇼

② ......*(avoir)* froid. 그 여자는 춥다. → Elle a
엘 아 프롸

③ ...... *(avoir)* faim. 아기는 배고프다. → Le bébé a
르베베 아 팽

④ ...... *(avoir)* soif. 니꼴라는 목이 마르다. → Nicolas a
니꼴라 아 쏴프

⑤ ...... *(avoir)* sommeil. 우리는 졸립다. → Nous avons
누 자봉 쏘메이으

⑥ ...... *(avoir)* mal à la tête. 나는 머리가 아프다. → J'ai
줴 말 아 라 떼뜨

⑦ ...... *(avoir)* peur. 당신은 겁을 먹었다. → Vous avez
부 자베 뾔르

chaud 더위 froid 추위 faim 허기 soif 갈증 sommeil 졸음
peur 겁 besoin 필요 avoir mal à ~가 아프다

2. 괄호 안의 동사들을 현재형으로 변화시키시오.

① Je ne *(être)* pas jeune. Je (avoir) soixante-dix ans.
즈 느 쒸 빠 죈 줴 스와쌍뜨 디장

→ suis, J'ai
나는 젊지 않다. 나는 70살이다.

② Tu (ne *être)* pas vieux. Tu (avoir) vingt ans.→n'es, as
뛰 네 빠 비으 뛰 아 뱅 땅

너는 늙지 않았다. 너는 20살이다.

③ Il *(être)* adolescent. Il (avoir) quinze ans.→ est, a
일 에 아돌레쌍 일 아 깽 장

그는 청소년이다. 그는 15살이다.

④ Elle *(être)* âgée. Elle *(avoir)* soixante-quinze ans.
엘 에 아제 엘 아 스와쌍뜨 깽장

→ est, a

그녀는 나이들었다. 그녀는 75살이다.

⑤ Nous *(être)* des enfants. Nous *(avoir)* des parents.
누 쏨 데 장팡 누 자봉 데 빠랑

→ sommes, avons

우리는 어린이다. 우리는 부모님이 있다.

⑥ Vous *(être)* des parents. Vous *(avoir)* des enfants.
부 제뜨 데 빠랑 부 자베 데 장팡

→ êtes, avez

당신들은 부모님입니다. 당신은 자식들이 있습니다.

⑦ Ils *(être)* professeurs. Ils *(avoir)* des élèves.
일 쏭 프로페쐬르 일 종 데 젤레브

→ sont,ont

그들은 선생님들이다. 그들은 학생들이 있다.

jeune 젊은 / soixante-dix 70 / vieux 늙은
vingt 20 / âgé 나이든 / adolescent 청소년
quinze 15 / élève 학생, 제자

3. 문장이 되도록 순서를 바로 잡고 동사를 변화시키시오.

ex) Étrangère-elle-être.
Avoir-elle-un passeport.
→ Elle est étrangère. Elle a un passeport.
엘 에 에트랑제, 엘 아 엉 빠스뽀르

그녀는 외국인이다. 그녀는 여권이 있다.

① Française-la jeune fille-être
Elle-une carte d'identité-avoir.

→ La jeune fille est Française. 아가씨는 프랑스인이다.
라 죈 휘으 에 프랑세즈

Elle a une carte d'identité. 그녀는 신분증이 있다.
엘 아 윈 까르뜨 디당띠떼

② Vous-roux-être.
Des cheveux roux-avoir-vous.

→ Vous êtes roux. 당신의 머리는 적갈색이다.
부 제뜨 루

Vous avez des cheveux roux.
부 자베 데 슈브 루

당신은 적갈색 머리를 갖고 있다.

③ Être-nous-bruns.
Avoir-des cheveux bruns-nous.

→ Nous sommes bruns. 우리는 머리가 갈색이다.
누 쏨 브랭

Nous avons des cheveux bruns.
누 자봉 데 슈브 브랭

우리는 갈색 머리를 갖고 있다.

④ Blond-être-tu.
Tu-des cheveux blonds-avoir.

→ Tu es blond. 너는 금발이다.
뛰 에 블롱

Tu as des cheveux blonds. 너는 금발머리를 갖고 있다.
뛰 아 데 슈브 블롱

⑤ Être-grand-je.
Une grande taille-avoir-je.

→ Je suis grand. 나는 크다.
즈 쒸 그랑

J'ai une grande taille. 나는 큰 키를 갖고 있다.
줴 윈 그랑드 따이으

étranger 외국인 passeport 여권 roux 적갈색의
taille 키 carte d' identité 신분증
cheveux 머리카락 (단수는 cheveu)

프랑스 문화의 제 2 르네상스 일으킨 자크 랑

93년 3월 프랑스 총선에서 우파연합이 집권사회당을 누루고 압승했을 때 새로움에 목말라 있던 대부분의 프랑스 국민들은 환호를 보냈다. 그러나 지난 10년간 문화부 장관으로 프랑스 문화의 국제적 위신을 회복시킨 자크 랑의 퇴진을 안타까와 했다.

지난 1958년부터 시작된 프랑스 제 5공화국은 두 사람의 걸출한 문화부 장관을 배출했다. 한 사람은 '59년 드골정부의 초대 문화부 장관으로 10년간 재임했던 앙드레 말로, 또 한 사람은 지난 '81년 미테랑 대통령의 집권과 함께 입각했다가 이번에 물러난 자크 랑이다. 독일접경 보쥬지방에서 상인의 아들로 태어난 자크 랑은 빠리대학 법대를 마치고 공법학박사 학위를 취득했다. 그러나 대학때부터 연극무대에 서는 등 연극활동을 하다가, 24세이던 1963년 동부에 있는 낭시대학 대학극장장이 되면서 활로를 찾았다. 취임 즉시 「세계대학연극제」를 창설, 그가 극장장으로 재직한 '72년까지 세계 유수의 유명 연극제로 끌어올리는데 성공했다.

문화계에서 명성을 얻으며 '72년부터 '74년까지 빠리 사이오궁(宮) 극장장을 역임했고 '76년에는 낭시대학의 법학교수로 있면서 당시 야당이던 사회당의 업무를 도와주기 시작했고 '78년에는 당수이던 미테랑의 보좌관이 되면서 정치인으로 변신했다. '81년 입각이후 그는 거센 바람을 일으켰다. '82년의 문화예산을 전년대비 100% 증액시킨데 이어 미테랑 대통령의 신임 아래 '82년 전체 예산대비 0.3%이던 문화예산의 비중은 올해 숙원이던 1%의 벽을 돌파했다.

프랑스 대혁명 2백주년 기념으로 라데팡스의 그랜드아치와 루브르박물관의 유리 피라미드, 바스티유 오페라극장 등을 건축했고 매년 하지(6월 21일)에 벌어지는 음악축제를 인류 최대의 음악제전으로 정착시켰다.

지난 '91년의 여론조사에서 가장 인기있는 정치인으로 뽑히기도 했던 그는 프랑스의 문화풍토가 배출한 문화거인이라고 할 수 있다.

제5과

Qui est-ce? 누구입니까?

1 **A**: Qui est-ce?
끼 에 쓰

B: C' est Michael Jackson.
쎄 마이클 잭슨

A: Il est Français?
일 에 프랑쎄

B: Non, il est Américain.
농 일 에 아메리깽

역 **A** : 이 사람은 누구죠?
B : 마이클 잭슨입니다.
A : 프랑스인입니까?
B : 아뇨. 미국인입니다.

2 **A**: Qui est-ce?
끼 에 쓰

B: C' est Alain Prost.
쎄 알랭 프로스뜨

A: Il est Hollandais?
일 에 올랑데

B: Non, il est Français.
농 일 에 프랑세

역 **A** : 이 사람은 누구죠?
B : 알랭 프로스트입니다.
A : 화란인인가요?
B : 아뇨, 프랑스인입니다.

3 **A**: Julien Clerc est Anglais?
쥴리앙 끌렉 에 앙글레

B: Non, il est Français.
농 일 에 프랑쎄

역 **A** : 쥴리앙 끌렉이 영국인인가요?
B : 아뇨, 프랑스인입니다.

4 **A**: Qui est-ce?
끼 에 쓰

B: C' est Madonna.
쎄 마돈나

A: Elle est Hollandaise?
엘 에 올랑데즈

B: Non, elle est Américaine.
농 엘 에 아메리깬느

역 **A** : 이 사람은 누구죠?
B : 마돈나입니다.
A : 화란인인가요?
B : 아뇨, 미국인입니다.

5 **A**: Qui est-ce?
끼 에 쓰

B: C' est Isabelle Adjani.
쎄 이자벨 아자니

A: Elle est Anglaise?
엘 에 앙글레즈

B: Non, elle est Fançaise.
농 엘 에 프랑세즈

역 **A** : 이 사람은 누구죠?
B : 이자벨 아자니입니다.
A : 영국인인가요?
B : 아뇨, 프랑스인입니다.

단어와 표현

(1) **Qui est-ce?** 누구죠?
끼 에 쓰?

C'est Alain Prost.
쎄 알랭 프로스트

알랭 프로스트입니다(프랑스의 자동차 경주 선수)

C'est Julien Clerc. (프랑스의 가수)
쎄 쥴리앙 끌렉

쥴리앙 끌렉입니다.

(2) 사진이나 그림을 보면서 묻고 답해 보자.

Qui est-ce?. 누구죠?
끼 에 쓰

C'est .... 입니다
쎄

(3) 남성형과 여성형을 비교해 보자.

Il est Français. 그는 프랑스인이다.
일 에 프랑쎄

Il est Américain. 그는 미국인이다.
일 에 아메리깽

Elle est Française. 그녀는 프랑스인이다.
엘 에 프랑쎄즈

Elle est Américaine. 그녀는 미국인이다.
엘 에 아메리깬

⑷ 여성형을 찾아 보자.

Portugais 포르투갈인, Chinois 중국인
뽀르뛰게 시놔

Argentin 아르헨티나인
아르장땡

→ Portugaise, Chinoise, Argentine.
뽀르뛰게즈 시놔즈 아르장뗀

⑸ 남성형을 찾아 보자.

Hongroise 헝가리인, Mexicaine 멕시코인
옹그롸즈 멕시깬

Japonaise 일본인
자뽀네즈

→ Hongrois, Mexicain, Japonais
옹그롸 멕시깽 자뽀네

⑹ 다음은 참(vrai)인가, 거짓(faux)인가?.

Michael Jackson est Français.
마이클 잭슨 에 프랑쎄

마이클 잭슨은 프랑스인이다.

Isabelle Adjani est Anglaise.
이자벨 아자니 에 앙글레즈

이자벨 아자니는 영국인이다.

Julien Clerc est Américain.
쥴리앙 끌렉 에 아메리깽

쥴리앙 끌렉은 미국인이다.

Alain Prost est Français.
알랭 프로스트 에 프랑쎄

알랭 프로스트는 프랑스인이다.

→ faux, faux, faux, vrai.

발음

다음 남성, 여성형의 발음을 비교해 보자.

Américain / Américaine 미국인
아메리깽 아메리깬

Français / Française 프랑스인
프랑쎄 프랑쎄즈

Anglais / Anglaise 영국인
앙글레 앙글레즈

Hollandais / Hollandaise 화란인
올랑데 올랑데즈

문법

형용사의 일치

1. Il est **petit**. 그는 작다.
일 에 쁘띠

Elle est **petite**. 그 여자는 작다.
엘 에 쁘띠뜨

Ils sont **petits.** 그들은 작다.
일 쏭 쁘띠

Elles sont **petites**. 그 여자들은 작다.
엘 쏭 쁘띠뜨

2. Aurélie est étudiante. 오렐리는 여학생이다.
오렐리 에 에뛰디앙뜨

Elle est Française. 그녀는 프랑스인이다.
엘 에 프랑쎄즈

Elle est blonde. 그녀는 금발이다.
엘 에 블롱드

Elle a les yeux verts.
엘 아 레 지으 베르

그녀는 초록색 눈을 갖고 있다.

Il sont riches. 그들은 부유하다.
일 쏭 리슈

Il y a deux vendeuses, elles sont jeunes.
일이아 되 방데즈 엘 쏭 죈

두명의 여점원이 있는데, 그 여자들은 젊다.

Ils ont un magasin de vêtements.
일 종 엉 마가쟁 드 베뜨망

그들은 의류점을 갖고 있다.

연습문제

1. 주어와 동사를 써서 문장을 완성하시오.

   ① Aurélie .... étudiante ...... est française.
   오렐리 에 에뛰디앙뜨 엘 에 프랑쎄즈

   ② Elle .... blonde. Elle ...... les yeux verts.
   엘 에 블롱드 엘 아 레 지으 베르

   ③ Elle .... deux frères. Ils ...... à Paris.
   엘 아 되 프레르 일 쏭 따 빠리

   ④ Ils .... un grand appartement ...... est confortable.
   일 종 엉 그랑 아빠르뜨망 일 에 꽁포르따블

   ⑤ Les parents d'Aurélie ...... commerçants.
   레 빠랑 도렐리 쏭 꼬메르쌍

   ⑥ Ils ...... un magasin de vêtements.
   일 종 엉 마가쟁 드 베뜨망

   ⑦ Ils ...... beaucoup de clients. Ils .... riches.
   일 종 보꾸 드 끌리앙 일 쏭 리슈

→ ① est, elle 오렐리는 학생이다. 그녀는 프랑스인이다.
② est, a 그녀는 금발이다. 그녀는 초록색 눈을 갖고 있다.
③ a, sont 그녀는 두 형제가 있다. 그들은 빠리에 있다.
④ ont, Il 그들은 큰 아파트가 있다. 그것은 안락하다.
⑤ sont 오렐리의 부모는 상인이다.
⑥ ont 그들은 의류 상점을 갖고 있다.
⑦ ont, sont 그들은 많은 고객이 있다. 그들은 부유하다.

2. 다음 문장을 완성하시오.

J' ai un avion. Je suis ....
줴 언 아비옹 즈 쒸

→ J' ai un avion. Je suis pilote.
줴 언 아비옹 즈 쒸 삘로뜨

나는 비행기가 있다. 나는 조종사다.

① J'ai un piano. Je suis ....→ pianiste
줴 엉 삐아노 즈 쒸 삐아니스뜨

나는 피아노가 있다. 나는 피아니스트다.

② Elle a des malades. Elle est..........→ médecin
엘 아 데 말라드 엘 에 메드쌩

그녀는 환자들이 있다. 그녀는 의사다.

③ Boris a un visa. Il est ....→ étranger
보리스 아 엉 비자 일 에 에트랑제

보리스는 비자가 있다. 그는 외국인이다.

④ Anne a une machine à écrire. Elle est .... → secrétaire
안 아 윈 마신 아 에크리르 엘 에 쓰크레떼르

안느는 타자기가 있다. 그녀는 비서다.

3. 다음 중 하나의 표현을 골라 문장을 완성하시오.

froid — avoir peur — avoir mal à la tête — avoir chaud — avir faim — avoir

① Nous sommes en Grèce. Nous ....→ avons chaud
누 쏨 엉 그레쓰 누 자봉 쇼

우리는 그리스에 있다. 우리는 덥다.

② Vous êtes en Alaska. Vous ....→ avez froid
부 제뜨 언 알라스까 부 아베 프롸

당신들은 알라스카에 있다. 당신들은 춥다.

③ Natacha est fatiguée. Elle ....→ a mal à la tête
나따샤 에 파띠게. 엘 아 말 아 라 떼뜨

나따샤는 피곤하다. 그녀는 머리가 아프다.

④ Les enfants sont à table. Ils .... → ont faim
레 장팡 쏭 따 따블. 일 종 팽

아이들이 식탁에 있다. 그 애들은 배가 고프다.

프랑스인과 흡연

프랑스에서 흡연자들이 설자리가 점점 줄어들고 있다. '92년 의회에서 흡연방지법이 가결되면서 1천 3백만명에 이르는 흡연자들이 도처에서 눈치를 보아야 하고 급기야는 프랑스사상 최초로 담배 판매량이 감소하는 현상이 일어나고 있다.

흡연을 부추기는 모든 담배 선전을 금지한 흡연방지법은 사실 잘 지켜지지 못하고 있다고 금연 운동가들은 말한다. 아직도 신문이나 벽보등에 버젓이 담배 광고가 실린다는 것이다.

하지만 흡연반대자들의 기세가 드세지고 파리 교통공사가 버스나 지하철 차량안의 담배 꽁초를 더이상 치우지 않겠다고 엄포를 놓기 시작하면서 담배판매량은 줄어드는 추세다. '93년 상반기의 담배시장 감소량은 2.8%, 1톤 가량의 담배가 덜 팔린 셈이다. 레스토랑에 가면 으례 푸른 코끼리가 표시된 흡연석과 녹색코끼리가 표시된 비흡연석이 나뉘어져 있다. '92년까지만 해도 금연운동 비용보다 1백 24배나 많은 돈을 쏟아부어 담배광고에 열을 올렸던 담배회사들도 이제는 동유럽 중국 아프리카로 눈을 돌리고 있다.

금연운동을 지휘하고 있는 정부산하의 건강교육위원회는 부드러운 방법으로 이 운동을 추진한다는 입장이다. 「사회를 둘로 나누고 흡연자들을 나쁜 사람 취급해서는 안된다」는 이 위원회 대표인 장프랑스와 라크로니께 교수는 「담배를 피우던 사람도 담배를 끊는 순간 비흡연자가 되기 때문」이라고 그 이유를 설명한다. 억압이 아닌 예방에 역점을 두겠다는 것이다.

프랑스 건강교육위원회가 우려하고 있는 대상은 오히려 청소년들이다. 청소년들은 흡연자들을 해이한 사람이라고 한심해 하면서도 비흡연자들을 빈틈없는 바보들이라고 놀린다. 따라서 건강위원회는 흡연자, 비흡연자로 나누는 한계에서 벗어나기 위해 무엇이 건강을 위하는 길인가를 홍보하기로 했다.

CHANSON

Il est trop tard	너무 늦었어요
	노래 Georges MOUSTAKI
Pendant que je dormais	잠자고 있는 동안,
Pendant que je rêvais	꿈꾸고 있는 동안에,
Les aiguilles ont tourné	시간은 흘러갔죠
Il est trop tard	너무 늦었어요
Mon enfance est si loin	어린시절은 이미 지나가고
Il est déjà demain	벌써 내일이 오는군요
Passe passe le temps	시간은 자꾸 흐르고
Il n'y en a plus pour très longtemps	이제 얼마남지 않았어요
Pendant que je t'aimais	당신을 사랑하고
Pendant que je t'avais	함께 있었음에도
L'amour s'en est allé	사랑은 가버렸죠.
Il est trop tard	너무 늦었어요
Tu étais si jolie	당신은 매우 아름다왔고
Je suis seul dans mon lit	난 홀로 있어요
Passe passe le temps	시간은 흘러가고
Il n'y en a plus pour très longtemps	얼마 남지 않았어요
Pendant que je chantais	내 소중한 자유를
Ma chère liberté	노래하는 동안
D'autres l'ont enchaînée	타인들은 그것을 막았지요
Il est trop tard	너무 늦었어요
Certains se sont battus	어떤 이들은 서로 다투었지만
Moi, je n'ai jamais su	난 전혀 알지 못했어요
Passe passe le temps	시간은 흘러가고
Il n'y en a plus pour très longtemps	이제 얼마 남지 않았어요
Pourtant je vis toujours	하지만 나는 살고 있고
Pourtant je fais l'amour	사랑을 하고 있고
M'arrive même de chanter	나의 기타로
Sur ma guitare	노래할 수 있어요
Pour l'enfant que j'étais	나는 어렸었고
Pour l'enfant que j'ai fait	내가 한 행동들이 비록 어렸지만
Passe pass le temps	시간은 흘러가고
Il n'y en a plus pour très longtemps.	얼마 남지 않았어요
Pendant que je chantais	노래할 때나
Pendant que je t'aimais	사랑할 때나
Pendant que je rêvais	꿈꾸고 있을 동안에
Il était encore temps	시간은 아직 남아 있었어요.

제6과

Michel est de Nantes 미셸은 낭뜨에서 왔다

1 **A**: Ah, c'est Michel!
아 쎄 미셸

B: D'où est-il?
두 에 띨

A: Il est de Nantes.
일 에 드 낭뜨

B: Nantes, où est-ce?
낭뜨 우 에 쓰

A: C'est dans l' ouest de la France.
쎄 당 루에스뜨 드 라 프랑스

역 **A** : 아, 저기 미셸이 있다.
B : 그는 어디 출신이지?

A : 낭뜨 출신이야.
B : 낭뜨가 어딘데?
A : 프랑스 서부에 있어.

2 **A** : Sophie est de Colmar?
쏘피 에 드 꼴마르

B : Non, elle est de Lille.
농 엘 에 드 릴

A : C'est dans le sud de la France?
쎄 당 르 쒸드 드 라 프랑스?

B : Non c'est dans le nord de la France.
농 쎄 당 르 노르 드 라 프랑스

역 **A** : 소피는 꼴마르 출신이니?
B : 아니, 릴 출신이야.
A : 그곳은 프랑스 남부에 있니?
B : 아니, 북부 지역이야.

3 **A** : Alain et Luc sont de Bourges?
알랭 에 뤽 쏭 드 부르쥬

B : Oui, ils sont de Bourges.
위 일 쏭 드 부르쥬

A : Bourges, où est-ce?
부르쥬 우 에 쓰

B : C'est dans le centre de la France.
쎄 당 르 쌍트르 드 라 프랑스

역 **A** : 알랭과 뤽은 부르쥬 출신이니?
B : 응, 부르쥬 출신이야.
A : 부르쥬가 어디야?
B : 프랑스 중부 지방에 있어.

4 **A** : Eric et Anne sont de Colmar?
에릭 에 안 쏭 드 꼴마르

B : Oui, ils sont de Colmar.
위 일 쏭 드 꼴마르

A : Colmar, où est-ce?
꼴마르 우 에 쓰

B : C'est dans l' est de la France.
쎄 당 레스뜨 드 라 프랑스

역 **A** : 에릭과 안드는 꼴마르 출신이야?
B : 응, 꼴마르 출신이야.
A : 꼴마르가 어디지?
B : 프랑스 동부 지방이야.

5 **A** : D'où es-tu?
두 에 뛰

B : Je suis de Nantes. Et toi?
즈 쒸 드 낭뜨 에 똬

A : Moi? Je suis de Paris.
와 즈 쒸 드 빠리

B : Ah! Tu es de Paris.
아 뛰 에 드 빠리

역 **A** : 너는 어디서 왔니?
B : 나는 낭뜨 출신이야. 너는?
A : 나? 나는 빠리 출신이야.
B : 아! 너는 빠리 출신이로구나.

단어와 표현

(1) C'est Michel. D'où est-il?
쎄 미셸 두 에 띨

미셸이다. 그는 어디서 왔지?

Il est de Nates. 그는 낭뜨에서 왔다.
일 에 드 낭뜨

Et Sophie. Elle est de Paris?
에 쏘피 엘 에 드 빠리

그리고 소피가 있다. 소피는 빠리 출신인가?

Non, elle est de Lille. 아니, 그녀는 릴 출신이다.
농 엘 에 드 릴

(2) 다음 지명을 지도에서 찾아 보자.

Lille, Paris, Nantes, Bourges, Colmar, Avignon.
릴 빠리 낭뜨 부르쥬 꼴마르 아비뇽

• 위의 지명에서 골라, 아래 문장을 완성시켜 보자.

Sophie est de ...... 소피는 ~출신이다.
쏘피 에 드

Luc est de ...... 뤽은 ~출신이다.
뤽 에 드…

(3) 3인칭 복수 Ils(그들), Elles(그 여자들).
남성+여성=Ils로 한다.

Alain et Luc : Ils sont .... 알랭과 뤽 : 그들은⋯
알랭 에 뤽 일 쏭

Brigitte et Louise : Elles sont ......
브리지뜨 에 루이즈 엘 쏭

브리지뜨와 루이즈 : 그 여자들은⋯

(4) Lille est dans le Nord de la France
릴 에 당 르 노르 드 라 프랑스

릴은 프랑스의 북부 지방이다.

Avignon est dans le Sud. 아비뇽은 남부 지방이다.
아비뇽 에 당 르 쒸드

Nantes est dans l'Ouest. 낭뜨는 서부 지방이다.
낭뜨 에 당 루에스뜨

Colmar est dans l'Est. 꼴마르는 동부 지방이다.
꼴마르 에 당 레스뜨

(5) Qui est-ce? C'est Nicole. 누구죠? 니꼴입니다.
끼 에 쓰 쎄 니꼴

D'où est-elle? Elle est de Calais.
두 에 뗄 엘 에 드 깔레

그녀는 어디서 왔죠? 깔레에서 왔습니다.

Où est-ce? Calais est dans le Nord de la France.
우 에 쓰 깔레 에 당 르 노르 드 라 프랑스

그곳이 어디죠? 깔레는 프랑스의 북부지방입니다.

1B

(6) 주어가 한번 나오는 문장에서는 강조하기 위해 강세형 대명사 moi, toi, lui, elle를 쓴다.

Moi, je suis de Paris. 나는 빠리 출신이다.
봐 즈 쒸 드 빠리

Toi, tu es de Lile. 너는 릴 출신이다.
똬 뛰 에 드 릴

Elle, elle est de Nantes. 그녀는 낭뜨 출신이다.
엘 엘 에 드 낭뜨

Lui, il est de Lyon. 그는 리용 출신이다.
뤼 일 에 드 리옹

(7) 다음 문장 앞에 강세형 대명사를 써보자.

............., elle est de Nantes. 그녀는 낭뜨 출신이다.
엘 엘 에 드 낭뜨

............., je suis de Paris. 나는 빠리 출신이다.
봐 즈 쒸 드 빠리

............., il est de Colmar. 그는 꼴마르 출신이다.
뤼 일 에 드 꼴마르

.............., tu es de Lille. 너는 릴 출신이다.
똬 뛰 에 드 릴

→ Elle, Moi, Lui, Toi

발음

le centre 중부
르 쌍트르

l'est 동부
레스뜨

le nord 북부
르 노르

l'ouest 서부
루에스뜨

le sud 남부
르 쒸드

'동부' 와 '서부' 의 발음에서는 st가 발음되는데에 주의

동, 서, 남·북부 앞에는 정관사 le가 앞에 나오며 「남부에서」라고 하면 dans le Sud 라고 한다. 이때에 Sud는 「쒸드」로 끝의 자음이 발음된다.

문법

정관사

남성단수	le
여성단수	la
남·여성복수	les

Le lit est dans **la** chambre. 침실 안에 침대가 있다.
르 리 에 당 라 샹브르

Le téléphone est sur **le** bureau.
르 뗄레폰 에 쒸르 르 뷔로

전화는 책상 위에 있다.

Les assiettes sont sur **la** table.
레 자씨에뜨 쏭 쒸르 라 따블

접시들이 탁자 위에 있다.

Les livres sont dans **la** bibliothèque.
레 리브르 쏭 당 라 비브리오떼끄

책들이 도서관에 있다.

L' ascenseur est dans **l'** immeuble.
라 쌍쐐르 에 당 림뫼블

승강기는 건물 안에 있다.

L' étudiant et l' étudiante sont à **l'** université.
레 뛰디앙 에 레뛰디앙뜨 쏭 따 뤼니베르씨떼

남학생과 여학생이 대학교에 있다.

연습문제

1. le, la, les 정관사 중에서 골라 쓰시오.

①....... lit est dans .... chambre. 침대가 침실안에 있다.
르 리 에 당 라 샹브르 → le, la

② .... téléphone est sur ...... bureau. 전화는 책상위에 있다.
르 뗄레폰 에 쒸르 르 뷔로 → le, le

③ .... assiettes sont sur .... table. 접시들이 탁자위에 있다.
레 자씨에뜨 쏭 쒸르 라 따블 → les, la

④ .... livres sont dans .... bibliothèque.
레 리브로 쏭 당 라 비브리오떼끄 → les, la

책들이 도서관에 있다.

⑤....... plantes sont sur .... balcon. 식물들이 발코니에 있다.
레 쁠랑뜨 쏭 쒸르 르 발꽁 → les, le

⑥ C'est un paquet ; voici .... haut, voici le bas.
쎄 떵 빠께 봐씨 르 오 봐씨 르 바

소포다. 이쪽이 위고 이쪽이 아래다.. → le

⑦ .... hauteur, ... longueur, ... largeur sont égales.
라 오뙤르 라 롱게르 라 라르줴르 쏭 떼갈

높이, 길이, 넓이가 같다. → la, la, la

◆ 유음의 h. 「홍길동」이나 「홍콩」 처럼 「ㅎ」 음이 발음되지는 않지만 다른 자음처럼 연독이 되거나 모음 생략이 일어나지 않는다.

le haut 높은곳　　la hauteur 높이　　le hall 로비
les Halles 레 알(지명)　　la Hollande 화란

2. 알맞는 정관사를 쓰시오.

① ...... ascenseur est dans ...... immeuble.
라쌍쐬르 에 당 림뫼블

승강기가 건물안에 있다. → L', l'

② ...... autobus est dans ...... avenue. 버스가 큰 길에 있다.
로또뷔쓰 에 당 라 브뉘 → L', l'

③ ...... ingénieur et ...... architecte sont dans....... usine.
렝제니에 에 라르시뗵뜨 쏭 당 뤼진

엔지니어와 건축가가 공장에 있다. → L', l', l'

④ ...... étudiant et ...... étudiante sont à ...... université.
레뛰디앙 에 레뛰디앙뜨 쏭 아 뤼니베르씨떼

남학생과 여학생이 대학에 있다. → L', l', l'

⑤ ...... été est chaud et ...... automne est frais.
레떼 에 쇼 에 로똔 에 프레

여름은 덥고 가을은 서늘하다. → L', l'

⑥ ...... hôtel et ...... hôpital sont dans la rue principale.
로뗄 에 로삐딸 쏭 당 라 뤼 프랭씨빨

호텔과 병원이 큰 길에 있다. → L', l'

⑦ En France, ... hiver est une saison froide.
엉 프랑쓰 리베르 에 뛴 세종 프롸드

프랑스에서 겨울은 추운 계절이다. → l'

3. 알맞는 정관사를 쓰시오.

...... samedi matin, dans ...... rue principale du village.
르 쌈디 마땡 당 라 뤼 프랭씨빨 뒤 빌라쥬

...... marchands mettent ...... marchandises sur ...... trottoirs
레 마르샹 메뜨 레 마르샹디즈 쒸르 레 트로똬르

...... porte de ...... boulangerie est toujours ouverte
라 뽀르뜨 드 라 불랑즈리 에 뚜주르 우베르뜨

...... restaurant est vide mais ...... café est très animé
르 레스또랑 에 비드 메 르 까페 에 트레 아니메

...... patron parle ...... anglais et comprend ...... espagnol
르 빠트롱 빠를 랑글레 에 꽁프랑 레스빠뇰

...... boucher est aimable, et employé de ...... banque est
르 부셰 에 떼마블 에 랑쁠롸예 드 라 방끄 에

souriant. Dans ...... village. ....atmosphère est bonne.
쑤리앙 당 르 빌라쥬 랏모스페르 에 본

→ Le samedi matin, dans la rue ......, les marchands...... les marchandises sur les trottoirs. La porte de la boulangerie. Le restaurant ...... mais le café ...... Le patron ...... l'anglais ...... l'espagnol. Le boucher ...... et l'employé de la banque ...... Dans le village, l'atmosphère ......
토요일 아침, 마을의 큰 길에서 상인들은 보도에 물건을 놓는다. 빵집의 문은 늘 열려 있다. 식당은 비어 있지만 까페는 매우 활기를 띤다. 주인은 영어를 말하고 스페인어를 이해한다. 정육점 주인은 정답고, 은행원은 미소 짓는 성격이다. 마을의 분위기는 좋다.

프랑스의 여름방학

학교 생활에서 가장 중요한 행사인 여름방학에 대해 이야기하기 전에 유럽의 한 학년은 어떻게 구성되어 있는지 알아보자.

우리나라는 1학기와 2학기의 2개 학기로 학년이 이뤄져 있지만, 유럽에서는 9월부터 다음해 6월까지가 한 학년이다. 따라서 여름방학이라는 의미도 한 학년을 완전히 마무리 짓고 맞는 긴 방학이라서 '그랑 바캉스'라고 부른다.

열흘 정도의 짧은 방학으로는 가톨릭의 모든 성인들을 기리는 11월초의 '뚜생'(제성절), 크리스마스 휴가인 '노엘'과 2월말에 있는 이른바 '스키방학'이라고 불리는 겨울방학과 4월의 부활절 휴가가 있다.

그러나 약 80일간의 자유시간이 주어지는 여름방학이 가장 기다려지기 마련이고, 대개의 경우 휴가 또는 방학이라는 의미의 '바캉스'는 여름방학을 뜻한다.

프랑스의 학생들은 국민학교에 이어 중학교에 진학해, 학교에서의 공부만 착실하게 하면 별도의 보충수업 같은 것이 없기 때문에 스스로의 여유시간을 독서 등으로 많은 시간을 보낸다.

스페인이나 이탈리아 같은 주변 국가들보다는 다루는 학습의 수준도 높고 상당히 주입식이라는 평을 받고 있긴 하지만, 하루 종일 학과 공부에만 매달릴 필요가 없다. 물론, 명문 고등학교가 긴 역사를 자랑하며 존재하고 있긴 하지만, 특별히 입학 시험을 치루기보다는 대부분의 경우 전학년의 성적을 참고해서 선발하므로 별도의 입시준비라는 것은 필요없다.

학과 시간중에 내주는 과제물은 대부분의 경우 짧은 시간에 끝낼 수 있는 양이다. 따라서 방과 후에는 각종 스포츠 클럽에 가입해 운동을 즐기고, 음악이나 미술교육을 따로 받기도 한다. 수강료는 국가의 보조비가 대부분을 부담하기 때문에 개인부담은 거의 없다.

한주일이 끝나는 주말에는 부모님들을 따라서 주로 여행을 하지만 이때 저학년과 고학년의 태도는 확연히 다르다. 프랑스에서 고교생은, 거의 어른으로 스스로들을 생각하여 부모님과 행동을 같이하지 않고 친구들끼리 어울린다.

CHANSON

Toi et Moi

Toi et moi
ça peut se raconter
Comme une belle histoire
Comme une conte de fées
C'est aussi claire que midi sonne
Tous les plaisirs que l'on se donne
A vivre ensemble ensemble
Toi et moi
Cest comme lombre et soleil
Cest difficile à croire
Toi et moi c'est pareil
C'est cent mille ans au jour le jour
Et si ce n'est pas de l'amour

Ça lui ressemble ressemble
Bien heureux les amoureux
Qui s'aiment autant que nous
Bienvenus les inconnus
D'ici et de partout
Ils sont notre image
Ils ont notre visage
Ils ont le même âge que nous
Et la même vie

너와 나

노래 : 미레이 마띠유

너와 나,
서로 이야기 할 수 있지.
아름다운 얘기처럼
하나의 동화처럼
정오의 종소리가
서로에게 주는
모든 기쁨을 알리네
함께 사는 기쁨을
너와 나는
마치 그늘과 양지 같다네
너와 내가 닮았다는 건
정말 믿기 어렵지
이럭저럭 무수한 세월이 흐르네
만약 사랑이 아니라면
사랑 비슷한 것이라도 닮았을테지
우리처럼 서로 사랑하는 이들은
정말 행복하고
여기 저기 모르는 사람들을
환영하네
그들은
우리와 같은 이미지요
우리와 같은 얼굴이며
우리와 같은 나이고
우리와 같은 생활을 한다네

제7과

Dans les rues de Séoul 서울의 거리에서

1 **A**: Tu es Anglais?
뛰 에 앙글레

B: Oui, je suis de Douvres.
위 즈 쒸 드 두브르

A: Douvres, où est-ce?
두브르 우 에 쓰

B: C'est dans le sud de l'Angleterre. Et toi,
쎄 당 르 쒸드 드 랑글르떼르 에 똬

tu es Français?
뛰 에 프랑쎄

A: Oui, je suis de La Rochelle.
위 즈 쒸 드 라 로셸

B: La Rochelle, où est-ce?
라 로셸 우 에 쓰

A: C'est dans l'ouest de la France
쎄 당 루에스뜨 드 라 프랑스

역 **A** : 너는 영국인이니?
B : 응, 도버 출신이야.
A : 도버가 어딘데?
B : 영국의 남부 지방이야. 그런데, 너는 프랑스인이니?
A : 응, 나는 라로셸에서 왔어..
B : 라로셸이 어디야?
A : 프랑스 서부 지방이야.

2 **A** : Ici le reporter de Radio France dans les
이씨 르 르뽀르떼르 드 라디오 프랑스 당 라

rues de Séoul. Pardon, Monsieur, je suis
뤼 드 쎄울 빠르동 므쓔 즈 쒸

journaliste. C'est pour Radio France.
주르날리스뜨 쎄 뿌르 라디오 프랑스

Vous êtes d'ici?
부 제뜨 디씨

B : Non, je suis Américain.
농 즈 쒸 아메리깽

A: Ah, vous êtes Américain. D'où êtes vous?
아 부 제뜨 아메리깽 두 에뜨 부

B : Je suis de Portland.
즈 쒸 드 포틀랜드

A: Portland, où est-ce?
포틀랜드 우 에 쓰

B : C'est dans l'ouest des États-Unis.
쎄 당 루에스뜨 데 제따쥐니

A: Vous êtes bien ici?
부 제뜨 비엥 이씨

B : Oui, je suis très bien, merci.
위 즈 쒸 트레 비엥 메르씨

A: Merci, Monsieur.
메르씨 므쓔

역 **A** : 서울의 거리에서, 라디오 프랑스 리포터입니다. 실례하겠습니다. 라디오 프랑스 방송기자입니다. 이곳 분이십니까?
B : 아닙니다. 저는 미국인입니다.
A : 아, 미국이시군요. 어디에서 오셨습니까?
B : 포트랜드 출신입니다.
A : 포트랜드는 어디 있습니까?
B : 미국 서부입니다.
A : 이곳에서 잘 지내고 계십니까?
B : 네, 아주 잘 지내고 있습니다. 감사합니다.
A : 감사합니다.

단어와 표현

(1) Etienne이 John 에게 :

Tu es Anglais? 너는 영국인이니?
뛰 에 앙글레

Oui, je suis Anglais. 응, 영국인이야.
위 즈 쒸 앙글레

방송기자가 Michael Darman 에게 :

Pardon Monsieur, vous êtes d'ici?
빠르동 므쓔 부 제뜨 디씨

실례합니다만 이곳 분이십니까?

방송기자가 두 명의 어린이에게 :

Bonjour! Vous êtes Français?
봉쥬르 부 제뜨 프랑쎄

안녕, 너희들 프랑스인이니?

(2) Demandez à une dame si elle est Anglaise :
어느 부인에게 영국인인지 물어 보시오.

Demandez à un garçon s'il est Américain :
어느 소년에게 미국인인지 물어 보시오.

Demandez à deux garçon s'il sont Allemands :
두 소년에게 독일인인지 물어 보시오..

→ Pardon Madame, vous êtes Anglaise?
빠르동 마담 부 제뜨 앙글레즈

Tu es Américain?
뛰 에 아메리깽

Vous êtes Allemands?
부 제뜨 알망

• 다시 한번 être 동사의 변화형을 익혀 두자.

J' 즈	suis 쒸	Nous 누	sommes 쏨
Tu 뛰	es 에	Vous 부	êtes 제뜨
Il(Elle) 일(엘)	est 에	Ils(Elles) 일(엘)	sont 쏭

(3) 다음과 같이 문장을 완성시켜 보자.

Vous êtes touriste, Monsieur? 관광객이십니까?
부 제뜨 뚜리스뜨 므쓔

→ Oui, je suis touriste. 네, 관광객입니다.
위 즈 쒸 뚜리스뜨

Tu ..... Française? Oui,.....
뛰 에 프랑쎄즈 위

너는 프랑스인이니? 응, …

→ es, je suis Française.

Elle ...... Anglaise? Oui, ...
엘 에 앙글레즈 위

그녀는 영국인인가요? 네, …

→ est, elle est Anglaise.

Vous..... Français? Oui, ...
브 제뜨 프랑세 위

당신은 프랑스인입니까? 네, ⋯⋯

→ êtes, je suis Français.

Ils...... de Nantes? Oui, ...
일 쏭 드 낭뜨 위

그들은 낭뜨 출신입니까? 네, ⋯⋯

→ sont, ils sont de Nantes.

Il ...... de Paris? Oui, ...
일 에 드 빠리 위

그는 빠리 출신인가요? 네 , ⋯⋯

→ est, il est de Paris.

Elle ...... de Colmar? Oui, ...
엘 에 드 꼴마르 위

그녀는 꼴마르 출신인가요? 네, ...

→ est, elle est de Colmar.

(4) être de ~출신이다

reporter 리포터

Pardon 실례합니다. 죄송합니다.

발음

l'Angleterre 영국
랑글르떼르

l'Espagne 스페인
레스빠뉴

Espagnol 스페인 사람
에스빠뇰

les États-Unis 미국
레 제따쥐니

le journaliste 신문기자
르 쥬르날리스뜨

messieurs 신사분들
메씨으

la radio 라디오
라 라디오

※「미국」의 발음에서는 연독에 주의.

les États-Unis「레제따쥐니」Angleterre 에서 처럼 자음이 중첩될 때는 앞에 악쌍(보조기호)이 붙은것 처럼 발음한다. gn 은 꼬냑, 샹빠뉴 등의 발음에서 나타나는 소리다.

문법

관사의 축약

à + le → au
아 르 오

à + les → aux
아 레 오

Marie est **au** restaurant. 마리는 식당에 있다.
마리 에 또 레스또랑

Elle mange une tarte **aux** pommes.
엘 망쥬 윈 따르뜨 도 뽐

그녀는 사과 파이를 먹는다.

Elle est **au** marché. 그녀는 시장에 있다.
엘 에 또 마르셰

Ils sont **au** cinéma. 그들은 극장에 있다.
일 쏭 또 씨네마

Les boîtes **aux** lettres sont jaunes en France
레 봐뜨 오 레트르 쏭 존 엉 프랑스

프랑스에서 우체통은 노랗다.

de + le → du
드 르 뒤

de + les → des
아 레 데

C'est l'adresse **du** magasin. 그 가게의 주소이다.
쎄 라드레쓰 뒤 마가젱

C'est le nom **des** propriétaires.
쎄 르 농 데 프로프리에떼르

주인들의 이름이다.

Les yeux **du** chat sont gris.
레 지으 뒤 샤 쏭 그리

그 고양이의 눈은 회색이다.

La peau **des** bébés est douce.
라 뽀 데 베베 에 두쓰

아기들의 피부는 부드럽다.

La moto **du** facteur est rapide.
라 모또 뒤 팍뙤르 에 라삐드

우체부의 오토바이는 빠르다.

L' arrivée **du** train est à 9 heures.
라리베 뒤 트랭 에 따 네뵈르

기차의 도착 시간은 9시다.

연습문제

1. 축약관사 au 와 aux 중에서 알맞는 형태를 쓰시오.

Marie est ...... restaurant et mange une tarte ...... pommes.
마리 에 또 레스또랑 에 망쥬 윈 따르뜨 오 뽐

→*Marie est au restaurant et mange une tarte aux pommes.*
마리 에 또 레스또랑 에 망쥬 윈 따르뜨 오 뽐

마리는 식당에서 사과 파이를 먹는다.

① Madame Renoud est ...... Marché → au
마담 르누 에 또 마르셰

르느부인은 시장에 있다.

② Sébastien a mal ...... dents. → aux
쎄바스띠엥 아 말 오 당

쎄바스띠엥은 치아가 아프다.

③ Il y a des rideaux ...... fenêtres. → aux
일 이 아 데 리도 오 프네트르

창문에 커튼이 있다.

④ Marc et Stéphane sont ...... cinéma. → au
마르끄 에 스떼판 쏭 또 씨네마

마르끄와 스떼판은 영화관에 있다.

⑤ À midi, les gens vont ...... restaurant. → au
아 미디 레 장 봉 또 레스또랑

정오에 사람들은 식당에 간다.

⑥ Les boîtes ...... lettres sont jaunes en France.→ aux
레 봐뜨 오 레트르 쏭 존 엉 프랑스

프랑스에서 우체통은 노랗다.

⑦ Le bœuf ...... carottes est un plat français.→ aux
르 뵈프 오 까로뜨 에 엉 쁠라 프랑쎄

「뵈프·오·까로뜨」는 프랑스 요리다.

2. 축약관사 du와 des 중에서 골라 쓰시오.

C'est l'adresse ...... magasin et le nom ...... propriétaires.
쌔 라드레쓰 뒤 마가젱 레 르 농 데 프로프리에떼르

→ *C' est l'adresse* ***du*** *magasin et le nom* ***des*** *propriétaires.*
쌔 라드레쓰 뒤 마가젱 레 르 농 데 프로프리에떼르

가게의 주소와 주인들의 이름이다.

① Les yeux ...... chat sont gris → du
제 지으 뒤 샤 쏭 그리

고양이의 눈은 회색이다.

② La peau ...... bébés est douce. → des
라 뽀 데 베베 에 두쓰

아기의 피부는 부드럽다.

③ La moto ...... facteur est rapide. → du
라 모또 뒤 팍뙤르 에 라삐드

우체부의 오토바이는 빠르다.

④ Le goût ...... piments est fort. → des
르 구 데 삐망 에 포르

고추의 맛은 맵다.

⑤ Le titre ...... journal est 'Le Monde'. → du
르 띠트르 뒤 쥬르날 에 르 몽드

그 신문의 이름은 「르몽드」다.

⑥ La vie ...... grands sportifs est dure.→ des
라 비 데 그랑 스뽀르띠프 에 뒤르

위대한 운동선수들의 삶은 힘들다.

⑦ Le passeport ...... journaliste est plein de visas.→ du
르 빠쓰뽀르 뒤 쥬르날리스뜨 에 쁠랭 드 비자

기자의 여권은 비자로 가득하다.

3. 정관사나 축약관사를 쓰시오.

① La situation de ...... entreprise n'est pas bonne.→ de l'
라 씨뛰아쏭 드 랑트르프리즈 네 빠 본
그 기업의 상황은 좋지 않다.

② L'entrée de ...... hôtel est claire. → de l'
랑트레 드 로뗄 에 끌레르
호텔입구는 밝다.

③ Il a des bottes à ...... pieds. → aux
일 아 데 보뜨 오 삐에
그는 장화가 있다.

④ Le sommet de ...... montagne est à deux mille mètres.
르 쏘메 드 라 몽따뉴 애 따 되 밀 메트르
→ de la
그 산의 정상은 높이가 2천미터다.

⑤ Il mange un pain à ...... raisins pour le goûter.→ aux
일 망쥬 엉 빵 오 레쟁 뿌르 르 구떼
그는 간식으로 건포도빵을 먹는다.

⑥ La réponse de ...... directeur est positive. → du
라 레뽕스 뒤 리렉뙤르 에 뽀지띠브
사장의 답은 긍정적이다.

모든 사람의 바캉스

유럽에서의 '바캉스'는 학생들만의 방학이 아니라, 직장을 가진 사람들에게도 여름철에 4주일간의 유급 휴가가 주어져 평소의 생활과 다른 여유 시간을 갖는 소중한 부분이기도 하다.

한여름, 파리 시내의 모습을 보면 '바캉스'란 말의 뜻을 실감한다. 대부분의 상점들이 닫혀 있어 거리는 한적하다. '바캉스'라는 단어의 원래 의미는 '텅 빈, 비어 있는' 이라는 뜻을 피부로 느끼게 된다.

이처럼 '그랑 바캉스'라고 불리는 여름 휴가는 프랑스의 전국민적인 행사이기도 하다. 가을이나 겨울에도 누군가를 만나면 "다음 바캉스에는 무엇을 하겠다". 라는 말을 흔히 들을 수 있다. 그래서 프랑스 사람들은 '그랑 바캉스'를 위해서 일년 동안 일하며, 계획을 세우느라고 일년을 생각하며, 바캉스를 지내고 나서는 그에 얽힌 추억을 이야기하면서 일년을 보낸다는 극단적인 말이 있을 정도로 모든 국민이 중요하게 느끼고 있다.

대부분의 학생들은 일단 부모님들을 따라 약 3주일이나 4주일에 걸친 '그랑 바캉스를 떠난다. 공무원이나 회사원 또는 식당 종업원이라도 4주간의 휴가는 보장되기 때문이다.

부모님을 따라 바캉스를 다녀온 학생들은 대부분은 나머지 방학기간을 바캉스 촌 (Colonie de Vacances)에서 보내게 된다. 이 바캉스 촌은 정부 기관이나 지방자치단체가 운영하고 있으며, 파리시나 파리 주변의 위성 도시들도 프랑스 전국에 어린 학생들을 위한 이 시설을 갖추고 있다. 몇몇 대기업들도 직원의 자녀를 위한 바캉스 촌을 운영하고 있다.

학생들은 내의, 세면도구 등의 기본적인 개인 용품들만 챙겨서 바캉스 촌에 가는 것이 보통이다.

그리고 대부분의 부모들은 일단 자녀들을 바캉스 촌에 보내면 찾아가지 않는 것이 관례로 되어 있다. '아니마떼르' 라는 이름의 보호자 또는 임시교사 역할을 하는 아르바이트 대학생들이 어린학생들을 돌봐주고, 시간을 효율적으로 보내는 것을 도와 준다.

제8과

L'album de Michel (II) 미셸의 앨범.

1 **A**: C'est un bureau de tabac?
쎄 떵 뷔로 드 따바

B: Oui, c'est le bureau de tabac de Madame
위 쎄 르 뷔로 드 따바 드 마담

Burton.
뷔르똥

역 **A** : 여기가 담배 가게니?
B : 응, 여기는 뷔르똥 부인의 담배 가게야.

2 **A** : Qu'est-ce que c'est?
께 스 끄 쎄

B : Ça, c' est une place.
싸 쎄 뛴 쁠라쓰

A: Oui, je vois, mais où est-ce?
위 즈 봐 메 우 에 쓰

B : C' est la place Bellecour à Lyon.
쎄 라 쁠라스 벨꾸르 아 리옹

역 **A** : 그럼 이건 뭐니?
B : 여기는 광장이야.
A : 그건 알겠는데. 어디야?
B : 리옹에 있는 벨꾸르 광장이야.

3 **A** : Qu'est-ce que c'est?
께 스 끄 쎄

B : C'est une école.
쎄 뛴 에꼴

A : Oui, je vois, mais c'est quelle école?
위 즈 봐 메 쎄 껠 에꼴

B : C'est l' école de Suzanne.
쎄 레꼴 드 쒸잔

역 **A** : 이건 뭐야?
B : 학교야.
A : 그건 알겠는데, 무슨 학교냐고?
B : 쒸잔이 다니는 학교야.

④ **A** : C'est l'hôpital de Nantes?
쎄 로삐딸 드 낭뜨

B :Non, c'est l'hôpital d'Avallon.
농 쎄 로삐딸 다발롱

A : Avallon, où est-ce?
아발롱 우 에 쓰

B : C'est dans le centre de la France.
쎄 당 르 땅트르 드 라 프랑스

역 **A** : 낭뜨에 있는 병원이니?
B : 아니, 아발롱에 있는 병원이야.
A : 아발롱이 어디야?
B : 프랑스의 중부지방에 있어.

⑤ **A** : Qui est-ce?.
끼 에 쓰

B :C'est Claire Burton.
쎄 끌레르 뷔르똥

A: Elle est Anglaise?
엘 에 앙글레즈

B : Non, elle est Française.
농 엘 에 프랑세즈

Elle est de Nantes.
엘 에 드 낭뜨

C'est une amie de la sœur de Michel.
쎄 뛴 아미 드 라 쐬르 드 미셸

Monsieur Burton, le père de Claire, est agent
므슈 뷔르똥 르 뻬르 드 끌레르 에 아장

de police.
드 뽈리쓰

Madame Burton, la mère de Claire, a un
마담 뷔르똥 라 메르 드 끌레르 아 엉

bureau de tabac.
뷔로 드 따바

L'adresse de Claire est 1, place de l' église.
라드레쓰 드 끌레르 에 엉 쁠라쓰 드 레글리즈

C'est près de l'hôtel de ville.
쎄 프레 드 로뗄 드 빌

A : Où est Claire?
우 에 끌레르

B: Elle est à l'école. L'école est près de la
엘 에 따 레꼴 레꼴 에 프레 드 라

cathédrale.
까떼드랄

역 **A** : 이 사람은 누구지?
B : 끌레르 뷔르똥이야.
A : 영국인이니?

B : 아니, 프랑스인이야.
낭뜨 출신이야. 미셸의 누이와 친구야.
끌레르의 아버지는 경찰이고, 끌레르의 어머니는 담배 가게를하고 있어.
끌레르의 주소는 교회 앞 광장 1번지야.
시청에서 매우 가까운 곳이지.

A : 끌레르는 어디 있어.

B : 이 학교에 있어. 학교는 교회에서 가까워.

단어와 표현

(1) C'est un bureau de tabac? 담배 가게인가요?
쎄 떵 뷔로 드 따바

Oui, c'est le bureau de tabac de Madame Burton.
위 쎄 르 뷔로 드 따바 드 마담 뷔르똥

네, 뷔르똥 부인의 담배 가게입니다.

C'est une école? 학교인가요?
쎄 뛴 에꼴

Oui, c'est l'école de Suzanne.
위 쎄 레꼴 드 쒸잔

네, 쒸잔의 학교입니다.

(2) 정관사와 부정관사

C'est **un** hôpital? 병원인가요?
쎄 떤 오삐딸

Oui, c'est l'hôpital de Nantes.
위 쎄 로삐딸 드 낭뜨

네, 낭뜨의 병원입니다.

(3) 각자 신분증을 완성시켜 보자.

nom 성(姓) prénom 이름 nationalité 국적
농 프레농 나쇼날리떼

(「국적」이라는 단어가 여성이라서 여성형용사를 쓴다)

NOM.......................
PRÉNOM................
Nationalité
Adresse...
Coréenne
Signature

(4) bureau de tabac 담배가게
뷔로 드 따바

Qu'est-ce que c'est? 이것이 무엇입니까?
께 스 끄 쎄

Je vois 알겠다.
즈 봐

agent de police 경찰관
아장 드 뽈리쓰

hôtel de ville 시청
오뗄 드 빌

cathédrale 성당
까떼드랄

발음

une adresse 주소
윈 아드레쓰

un agent de police 경찰관
언 아장 드 뾜리쓰

l'amie 여자친구
라미

le bureau de tabac 담배가게
르 뷔로 드 따바

l'hôpital 병원
로삐딸

le supermarché 슈퍼마켓
르 쒸뻬르마르셰

la crêperie 크레프 가게
라 크레쁘리

문법

부정관사

남성단수	un
여성단수	une
남, 여성단수	des

C'est **un** garçon charmant. 그는 매력있는 소년이다.
쎄 떵 가르쏭 샤르망

C'est **une** belle voiture. 그것은 멋진 차다.
쎄 뛴 벨 봐뛰르

C'est **un** médecin. 그는 의사다.
쎄 떵 메드쌩

Il travaille dans **un** hôpital. 그는 병원에서 일한다.
일 트라바이 당 전 오비딸

Dans un magasin, il y a **un** vendeur et **des**
당 정 마가쟁 일이아 엉 방되르 에 데

clients.
끌리앙

가게에는 점원 한명과 고객들이 있다.

Dans le village il y a **une** église.
당 르 빌라쥬 일 이아 윈 에글리즈

그 마을에는 교회가 하나 있다.

연습문제

1. 다음 문장을 복수형으로 만들어 봅시다.

① La moto est dans la rue.
라 모또 에 당 라 뤼

오토바이가 길에 있다.

→ Les motos sont dans les rues.
레 모또 쏭 당 레 뤼

② Le client du magasin est à la caisse.
르 끌리앙 뒤 마가쟁 에 따 라 깨쓰

가게의 고객은 계산대에 있다.

→ Les clients des magasins sont aux caisses.
르 끌리앙 데 마가쟁 쏭 또 깨쓰

③ La clé n'est pas sur la porte de la chambre.
라 끌레 네 빠 쒸르 라 뽀르뜨 드 라 샹브르

열쇠가 방문위에 있지 않다.

→ Les clé ne sont pas sur les portes des chambres.
레 끌레 느 쏭 빠 쒸르 레 뽀르뜨 데 샹브르

④ Le passeport de l'étranger est dans la valise.
르 빠쓰뽀르 드 레트랑제 에 당 라 발리즈

외국인의 여권이 가방안에 있다.

→ Les passeports des étrangers sont dans les valises.
레 빠쓰뽀르 데 제트랑제 쏭 당 레 발리즈

⑤ La boulangerie est au coin de la rue.
라 불랑저리 에 또 꼬앵 드 라 뤼

빵집은 길모퉁이에 있다.

→ Les boulangeries sont aux coins des rues.
레 불랑저리 쏭 또 꼬앵 데 뤼

※ 프랑스어에서 복수형으로 만들때는 문장의 모든 요소가 복수형으로 바뀌어야 한다.

C'est un livre. 책입니다.
→ Ce sont des livres 책들입니다.

2. 부정관사 un, une, des 중에서 골라 쓰시오.

① C'est ...... garçon charmant. 매력있는 소년이다. → un
쎄 떵 가르쏭 샤르망

② C'est ...... belle voiture. 멋진 승용차다. → une
쎄 뛴 벨 봐뛰르

③ Ce sont ...... exercices difficiles. 어려운 연습문제 들이다.
쓰 쏭 데 제그제르씨쓰 디피씰 → des

④ C'est ...... médecin ; il traville dans ..... hôpital.
쎄 떵 메드쌩 일 트라바이 당 전 오삐딸

의사다. 그는 병원에서 일한다. → un,un

⑤ Dans la boîte aux lettres, il y a ...... lettre, ... journal,
당 라 봐뜨 오 레트르 일 이 아 원 레트르 엉 주르날

et ...... publicités. → une,un,des
에 데 뷔블리씨떼

우편함에 편지 한통, 신문 한장 그리고 광고물들이 있다.

⑥ C'est ...... musicien ; il traville dans ...... orchestre.
쎄 떵 뮈지씨엥 일 트라바이 당 전 오르께스트르

그는 음악가다. 그는 오케스트라에서 일한다. → un,un

⑦ Sur le balcon, il y a ...... plantes et ...... cage avec ...... oiseau.
쒸르 르 발꽁 일 이 아 데 쁠랑뜨 에 윈 까쥬 아벡 언 와조

발코니에는 식물들, 새장 그리고 새가 있다. → des, une,un

※ archestre에서 ch는 「슈」 발음이 아니라 〔K〕 발음이다.

바캉스 프로그램

부모님이나 가정사정 때문에 오랜 시간을 멀리 떨어져서 지낼 수 없는 학생들을 위해서 파리와 같은 대도시에서는 도시 교외의 여기저기에 '쌍트르 아에리' 라는 종합 바캉스 촌을 만들어서 아침에 그곳에 데리고 가서 놀게 하고 저녁에 데리러 오게 하기도 한다.

한 학구마다 '쌍트르 아에리' 에 가는 학생들이 모이는 학교가 하나씩 지정되어 단체로 움직이게 되고, 이 경우에도 역시 '아니마떼르' 라고 불리우는 아르바이트 대학생들의 인도를 받게 된다.

지금까지 살펴본 바캉스 촌이나 쌍트르는 각자 여유있는 시간을 보내며 휴식하고 즐기는 프로그램들이었지만, 최근에는 바캉스 기간을 보내며 무언가를 배우는 프로그램들도 인기다.

이 프로그램에는 가족과 같이 캠핑을 하며 지내는 코스, 학생들끼리 지내는 코스, 테니스·수영·사이클 등을 매일 체계적으로 배우는 스포츠 프로그램 등이 있다. 이 경우에는 앞에서 예로 든 바캉스 촌에서의 생활에 한두 가지씩 더 습득할 수도 있는 장점이 있지만 프로그램에 참가하는 비용을 개인적으로 부담해야 하는 것이 흠이기도 하다. 스포츠 프로그램들은 날씨가 좋은 남불지방에 많이 개설되어 있다. 그리고 우리로서는 아직까지 꿈같은 이야기지만 국경이라는 개념이 따로 없는 유럽에서는, 중학생이 되면 영국이나 독일로 언어 연수를 겸해서 바캉스를 떠나는 일도 많다.

이 경우 대개 민박을 하면서 생활언어를 익히거나 짜여진 수업시간을 통해 정규 수업을 받아 언어를 습득하기도 한다. 이 연수는 국가 또는 사회단체에서 보조가 있기 때문에 부모들에게는 큰 부담이 되지 않는다. 그리고 학생들은 현지에서의 문화와 생활을 접하고 경험한 후, 더욱 의욕적으로 그 언어를 공부할 수 있는 동기를 부여 받는다.

아무튼 대부분의 학생들은 여름방학인 '그랑 바캉스' 동안 평균 5~6주일을 살고 있는 집과 학교를 멀리 떠나서 생활하다 돌아오게 된다.

따라서 이들의 '바캉스' 는 우리들이 2박 3일이나 4박 5일동안 가족 단위나 친구들끼리 다녀오는 여행이 아니라, 1년 생활중의 한 부분을 다른 곳에서 살고 돌아오는 생활속의 이동이자 긴 일정 속에 여유를 찾는 여백의 시간이라고 할 수 있다

프랑스의 전시회

7월부터 12일까지 프랑스에서 열리는 주요 전시회는 다음과 같다. 큰 전시회는 9월과 10월에 많이 열린다.

날 짜		전 시 회	장 소
7월	04-06	국제정원기구 및 인테리어 전시회 (SISEL VERT)	PARIS (Parc Floral)
7월	03-07	국제보석 및 악세사리 전시회 (BIJORHCA)	PARIS (N)
〃	03-07	국제선물, 장식용 소품 전시회 (MOVING)	〃 (N)
〃	03-07	국제 실내장식용품 전시회 (PAAS)	〃 (P)
〃	03-07	국제선물용품 전시회 (PARALLELE)	〃 (P)
〃	03-07	국제 인테리어 다지인 전시회 (SCENES D′INTERIEUR)	〃 (N)
〃	03-07	국제 여성기성복 전시회 (PRET-A-PORTER FEMININ)	
〃	04-07	국제 남성기성복 전시회 (SEHM)	〃 (P)
〃	04-07	국제 아동복 전시회 (MODE ENFANTINE)	〃 (P)
〃	04-07	국제 유아용품 전시회 (MODE DE L′ENFANT)	〃 (P)
〃	05-07	국제 프포츠 레저용품 및 의류 전시회 (SISEL ETE)	〃 (N)
〃	05-07	국제 신발류 전시회 (MIDEC PARIS)	BOURGET
〃	08-12	국제 수산물 가공산업 전시회 (SEAPEX)	LORIENT
〃	12-14	유럽란제리, 수영복 패션 및 소재전시회	LYON (Eurexpo)
〃	16-18	국제 의약품 전시회 (IPHARMEX INT′ L)	LYON (Eurexpo)
〃	17-20	국제가구 전시회 (MEUROPAM)	LYON (Eurexpo)
〃	18-21	국제 피혁 전시회 (CUIR)	PARIS (P)
〃	19-22	국제 정원용 공구 전시회 (JARDITEC)	PARIS (P)
〃	19-22	국제 정원설비 전시회 (SIMAVER)	〃 (N)
〃	19-22	국제 하드웨어 전시회 (QUOJEM)	〃 (N)
〃	미 정	국제 사진·비디오 전시회 (PHOTO-VIDEO)	〃 (P)

날 짜		전 시 회	장 소
10월	04-06	국제 정보기기 및 사무자동화전시회 (SICOB)	〃 (N)
〃	07-10	국제 자동차 여행전시회	〃 (N)
〃	12-16	국제 영화·TV·비디오 마켓 전시회 (MIPCOM)	CANNES (Palais des Festivales)
〃	19-34	국제 첨단기술산업 전시회 (SITEF)	TOULOUSE
〃	20-26	국제 호텔 및 레스토랑 설비 전시회 (EQUIP′ HOTEL)	〃 (P)
〃	22-25	국제 안경 전시회 (SILMO)	〃 (N)
〃	22-28	국제 자동차부품 및 정비 전시회 (EQUIP′ AUTO)	〃 (N)
11월	09-13	국제 냉동공조설비 전시회 (INTERCLIMA)	〃 (N, P)
〃	09-14	국제 건축자재 전시회 (BATIMAT)	〃 (P)
〃	12-14	국제장의업 전시회 (FURNERAIRE)	BOURGET
〃	15-20	국제 전자부품 전시회 (COMPONIC)	PARIS (N)
〃	22-26	국제 생산자동화 전시회 (PRODUCTIQUE)	〃 (N)
〃	23-25	국제 포도 과수원 장비 전시회 (SITEVI)	Montpellier
〃	29-30	국제 하청산업 전시회 (MIDEST)	PARIS (N)
		국제 보트 전시회 (NAUTIQUE)	〃 (P)
12월	03-13	국제 말(馬) 전시회 (CHEVAL)	〃 (P)
〃	04-12	국제 실험실 장비 전시회	〃 (N)
〃	07-10	(LABORATOIRE)	

P : Porte de Versailles 국제전시장
N : Pairs-Nord Villepinte 국제전시장

제9과

Tu as le numéro de sylvie? 씰비의 전화번호를 알고 있니?

1 **A**: Tu as le numéro de Sylvie?
뛰 아 르 뉘메로 드 씰비

B: Le numéro de Sylvie? Oui, J'ai le numéro.
르 뉘메로 드 씰비 위 줴 르 뉘메로

Un instant. C'est le 40.13.11.06
언 앵스땅 쎄 르 까랑뜨 트레즈 옹즈 제로씨쓰

A : Le 40.13.11.06. Merci.
르 까랑뜨 트레즈 옹즈 제로씨쓰 메르씨

역 A : 너는 씰비 전화 번호를 알고 있니?.
B : 씰비 전화 번호? 응, 알고 있어. 잠깐만 기다려.
40—13—11—06번이야.
A : 40—13—11—06번이라고. 고마와.

② **A** : François a le téléphone?
프랑쓰와 아 르 뗄레폰

B : Oui, il a le téléphone.
위 일 아 르 뗄레폰

A : Tu as le numéro?
뛰 아 르 뉘메로

B : Oui, j'ai le numéro. C'est le 40.14.07.12.
위 줴 르 뉘메로 쎄 르 까랑뜨 까또르쥬 제로쎄뜨 두즈

A : Le 40.14.07.12. Merci.
르 까랑뜨 까또르쥬 제로쎄뜨 두즈 메르씨

역 **A** : 프랑스와는 전화가 있니?.
B : 응, 있어.
A : 너, 번호 알고 있니?
B : 응, 알아. 40—14—07—12번이야.
A : 40—14—07—12번이라고. 고마와.

③ **A** : Allô!
알로

B : Allô! C'est toi, Sylvie? Ici André.
알로 쎄 똬 씰비 이씨 앙드레

A : Ah, bonjour André! Ça va?
아 봉쥬르 앙드레 싸 바

B : Ça va bien, merci. Et toi?
싸 바 비엥 메르씨 에 똬

A : Pas mal.
빠 말

B : Dis, Sylvie, tu as l'adresse de Maurice Duparc?
디 씰비 뛰 아 라드레쓰 드 모리쓰 뒤빠르끄?

A : Oui, c'est 17, rue Jean-Bart.
위 쎄 디쎄뜨 뤼 장 바르

B : Merci, Sylvie. Au revoir.
메르씨 씰비 오 르봐

A : Au revoir, André.
오 르봐 앙드레

역 **A** : 여보세요.
B : 여보세요. 아! 씰비로구나. 나는 앙드레야.
A : 안녕 앙드레! 잘 지내니?
B : 잘 지내고 있어. 너는 어떠니?
A : 괜찮아.
B : 그런데 씰비야. 너, 모리스 뒤빠르끄의 주소를 아니?
A : 응. 「장-바르」거리 17번지야.
B : 고마와 씰비. 안녕
A : 안녕. 앙드레

단어와 표현

(1) 숫자연습

0	zéro 제로	1	un 엉
2	deux 되(드)	3	trois 트롸
4	quatre 까트르	5	cinq 쌩끄
6	six 씨쓰	7	sept 쎄뜨
8	huit 위뜨	9	neuf 네프
10	dix 디쓰	11	onze 옹즈
12	douze 두즈	13	treize 트레즈
14	quatorze 까또르즈	15	quinze 깽즈
16	seize 쎄즈	17	dix-sept 디쎄뜨

18 dix-huit
디즈위뜨

19 dix-neuf
디즈네프

20 vingt
벵

(2) Top 50, numéro un, Julien Clerc avec 'Mon Ange',
톱 쌩깡뜨 뉘메로 엉 쥴리앙 끌렉 아벡 몬 앙쥬

numéro deux, Annie Cordy avec 'Ma plus
뉘메로 되 안느 꼬르디 아벡 마 쁠뤼

jolie chanson', numéro trois, Emmanuelle
졸리 샹송 뉘메로 트롸 엠마뉘엘

avec 'Premier Baiser'...
아벡 프르미에 베제

인기순위 50곡 중에서 1위는 쥴리앙 끌렉의 '나의 천사', 2위는 안느 꼬르디의 '나의 가장 아름다운 노래', 3위는 엠마뉴엘의 '첫번째 키스'...

(3) Tu as le numéro. 너는 번호를 갖고 있다.
뛰 아 르 뉘메로

J'ai le numéro. 나는 번호를 갖고 있다.
줴 르 뉘메로

(4) 다음을 완성시켜 보자.

François .... le téléphone.
프랑스와 아 르 뗄레폰

프랑스와는 전화를 갖고 있다.

Il .... le numéro de Sylvie.
일 아 르 뉘메로 드 씰비

그는 씰비의 전화번호를 갖고 있다.

Tu .... le numéro de Sylvie.
뛰 아 르 뉘메로 드 씰비

너는 씰비의 전화번호를 갖고 있다.

Elle ....l'adresse de François. → a, a, as, a
엘 아 라드레쓰 드 프랑스와

그녀는 프랑스와의 주소를 갖고 있다.

발음

Allô. 여보세요.
알로

le numéro 번호
르 뉘메로

40. 13. 11. 06(두 자리씩 끊어서 읽는다. 즉 quarante, treize,
까랑뜨 트레즈

onze, zéro six 라고 읽는다)
옹즈 제로 씨쓰

le téléphone 전화
르 뗄레폰

ph는 항상 f 발음이다.

문법

1. 부정관사의 사용

Un train a une locomotive et des wagons.
엉 트랭 아 윈 로꼬모띠브 에 데 바공

열차에는 기관차와 객차들이 있다.

Elle porte un maillot de bain, des lunettes de soleil.
엘 뽀르뜨 엉 마이요 드 뱅 데 뤼네뜨 드 쏠레이

그녀는 수영복을 입고, 선글라스를 썼다.

Elle porte des collants noirs.
엘 뽀르뜨 데 꼴랑 놔르

그녀는 검은 스타킹을 신고 있다.

2. 정관사와 부정관사의 사용

La cerise est un fruit. 버찌는 과일이다.
라 쓰리즈 에 떵 프뤼

Le football est un sport. 축구는 스포츠다.
르 풑볼 에 떵 스뽀르

La peinture est un art. 회화는 예술이다.
라 빵뛰르 에 떤 아르

연습문제

1. 두번째 문장을 보기와 같이 부정관사를 써서 완성시켜 봅시다.

보기 : C'est une pièce. Elle a(porte,fenêtres,cheminée).
쎄 뛴 삐에쓰

→ C'est une pièce. Elle a une porte, des fenêtres et une
쎄 뛴 삐에쓰 엘 아 윈 뽀르뜨 데 프네트르 에 윈

cheminée.
슈미네

방이다. 이 방은 문, 창문 그리고 벽난로가 있다.

① C'est un train. Il a(locomotive,wagons).
쎄 떵 트랭

→ Il a une locomotive et des wagons.
일 아 윈 로꼬모띠브 에 데 바공

열차에는 기관차와 객차들이 있다.

② C'est une petite fille. Elle porte.
쎄 뛴 쁘띠뜨 피으

(maillot de bain, sandales, lunettes de soleil).

→ Elle porte un maillot de bain, des sandales, des lunettes
엘 뽀르뜨 엉 마이요 드 뱅 데 쌍달 데 뤼네뜨

de soleil.
드 쏠레이.

어린 소녀다. 그녀는 수영복을 입고 샌달을 신고 선글라스를 썼다.

③ C'est un homme d'affaires. Il porte
쎄 떵 옴 다페르

(costume gris, parapluie noir, petite valise, journaux).

→ Il porte un costume gris, un parapluie noir, une petite
일 뽀르뜨 엉 꼬스뛰 그리 엉 빠라쁠뤼 놔르 윈 쁘띠뜨

valise et des journaux.
발리즈 에 데 쥬르노

그는 사업가다.
그는 회색 옷을 입고, 검은 우산을 들고, 작은 가방과 신문을 갖고 있다.

④ C'est une étudiante. Elle porte
쎄 뛴 에뛰디양뜨

(collants noirs, bottes vertes, imperméable).

→ Elle porte des collants noirs, des bottes vertes et un
일 뽀르뜨 데 꼴랑 놔르, 데 보뜨 베르뜨 에 언

imperméable.
앵뻬르메아블

여학생이다.
그녀는 검은 스타킹에 초록색 부츠를 신고 레인코트를 입고 있다.

2. 1번 문제와 같이 문장을 만드시오.

① C'est un avion ....
쎄 떤 아비옹

→ Il a une cabine de pilotage, des ailes et des moteurs.
일 아 윈 까빈 드 삘로따쥬 데 젤 에 데 모뙤르

비행기는 조종석, 날개 그리고 모터를 가지고 있다.

② C'est un hôtel ....
쎄 떤 오뗄

→ Il a des chambres, des salles de bain et des salons.
일 아 데 샹브르 데 쌀 드 뱅 에 데 쌀롱

호텔은 객실, 욕실 그리고 거실을 갖고 있다.

③ C'est un policier ....
쎄 떵 뽈리씨에

→ Il a un uniforme, un sifflet et une casquette.
일 아 언 위니폼 엉 씨플레 에 윈 까스깨뜨

경찰관은 유니폼, 호각 그리고 모자를 갖고 있다.

④ C'est un jardin ....
쎄 떵 자르뎅

→ Il a des pelouses, des fleurs et des arbres.
일 아 데 뻴루즈 데 플뢰르 에 데 자르브르

공원은 잔디밭, 꽃 그리고 나무들을 갖고 있다.

3. 알맞는 관사와 동사를 가지고 문장을 완성하시오.

보기 Lion - être - animal.
→ Le lion est un animal. 사자는 동물이다.
르 리옹 에 떤 아니말

① Cerise - fruit.
→ La cerise est un fruit. 버찌는 과일이다.
라 쓰리즈 에 떵 프뤼

② France - pays d'Europe.
→ La France est un pays d'Europe.
라 프랑스 에 떵 뻬이 뒤로쁘

프랑스는 유럽국가다.

③ Football - sport.
→ Le football est un sport. 축구는 스포츠다.
르 푿볼 에 떵 스포르

프랑스의 대학

프랑스의 고등 교육 과정은 그 성격과 수준에 따라 다음과 같이 구분되어 있다.

- 일반 대학
- 그랑제꼴 장기 교육
- 의과 대학
- 전문 대학
- 기술 전문 대학(I.U.T)및 단기 교육
- 고등 기술 전문 과정(B. T. S.)

일반대학 과정은 다음과 같이 3기로 나뉜다.

(1) 제 1 기 : 바깔로레아(Baccalauréat 대학 입학 시험)에 통과 해야 입학 할 수 있으며, 2년 과정 수료 후 대학 일반 교양 수료증 D.E.U.G. 를 받는다. D.E.U.G.에는 다음과 같은 9개 전공 분야가 있다.
문학 및 예술, 인문 과학, 과학, 행정학, 수학, 법학, 경제학, 신학, 체육학

(2) 제 2 기 : D.E.U.G., D.U.T.(기술 대학 수료증), B.T.S.(고등 기술 자격증), 이외의 동등한 학위를 가진 사람들의 입학이 가능하며, 2년 과정이다. 1년은 학사학위(licence) 과정이고, 2년째 석사 학위(Maîtrise) 과정이다.

(3) 제 3 기 : 최소 1년은 일반 수업으로 D.E.A.(고급 연구 수료증)를 얻기 위해 공부한다. 이 과정은 박사 과정에서의 연구 방법 및 이론을 준비하는 과정이라고 할 수 있다. 박사 학위를 취득하기 위해서는 보통 2~4년 정도가 걸리며 논문 심사나 단체 실습 등을 통과한 후에 학위를 받을 수가 있다. Bac. 이후에 박사 학위 취득까지 최소한 7년정도가 걸리며, 프랑스의 박사 학위는 미국의 Ph.D와 거의 비슷하다.

제10과

Je voudrais réserver une chambre 방을 하나 예약하고 싶습니다

1 **A**: Tu as le numéro de l'hôtel de la Poste?
뛰 아 르 뉘메로 드 로뗄 드 라 뽀스뜨

B: Oui, j'ai le numéro, c'est le 40.09.11.16.
위 줴 르 뉘메로 쎄 르 까랑뜨 제로네프 옹즈 쎄즈

A: Non, non, ils ont un nouveau numéro.
농 농 일 종 엉 누보 뉘메로

B: Ah, ils ont un nouveau numéro.
아 일 종 엉 누보 뉘메로

Un instant, où est l'annuaire?
엉 앵스땅 우 에 라뉘에르

Voilà, c'est le 40.19.05.14.
발라 쎄 르 까랑뜨 디즈네프 제로쌩끄 까또르즈

역 A : '포스트' 호텔 전화번호 알고 있어?
B : 응, 알고 있어. 40-09-11-16번이야.
A : 아냐. 번호가 바뀌었어. 그들은 새번호를 갖고 있어.
B : 아! 번호가 바뀌었구나. 잠깐만 있어봐. 전화번호부가 어디 있더라? 아. 여기있군. 40-19-05-14번이야.

2 **A** : Allô!
알로

B : C'est l'hôtel de la Poste?
쎄 로뗄 드 라 뽀스뜨

A : Oui, Madame.
위 마담

B : Je voudrais réserver une chambre pour
즈 부드레 레제르베 윈 샹브르 뿌르

le week-end.
르 위깬드

Vous avez une chambre avec bain?
부 자베 윈 샹브르 아벡 뱅

A : Oui, Madame, j'ai une chambre avec
아 마담 줴 윈 샹브르 아벡

bain. J'ai aussi
뱅 줴 오씨

une chambre avec bain et W.C.
윈 샹브르 아벡 뱅 에 베 쎄

B : Nous avons un chien. C'est permis?
누 자봉 엉 시엥 쎄 뻬르미

A : Oui, Madame, bien sûr.
위 마담 비엥 쒸르

B : Bon, la chambre avec bain et W.C. alors.
봉 라 샹브르 아벡 뱅 에 베 쎄 알로

A : Très bien, Madame. C'est à quel nom?
트레 비앵 마담 쎄 따 깰 농

B : Durand.
뒤랑

A : Madame Durand. Très bien, Madame.
마담 뒤랑 트레 비앵 마담

역 **A** : 여보세요?
B : '포스트' 호텔입니까?
A : 네, 부인
B : 주말에 쓸 방을 하나 예약하고 싶습니다.
욕조 딸린 방이 있습니까?
A : 네, 부인. 욕조 딸린 방이 있습니다.
욕조와 변기 딸린 방도 있습니다.
B : 우리는 개가 한마리 있는데, 허락이 됩니까?
A : 물론입니다. 부인.
B : 좋아요. 욕조와 변기 딸린 방으로 하겠어요.
A : 네, 그렇게 하십시오. 성함이 어떻게 되십니까?
B : 뒤랑입니다.
A : 뒤랑부인. 됐습니다. 부인.

단어와 표현

⑴ avoir 동사변화를 다시 익혀두자.

j' ai 줴	Nous avons 누 자봉
Tu as 뛰 아	Vous avez 부 자베
Il a 일 아	Ils ont 일 종

다음과 같이 주어를 바꾸어 말해 보자.

Nous avons une chambre à l'hôtel de la poste.
누 자봉 윈 샹브르 아 로뗄 드 라 뽀스뜨

우리는 '포스트' 호텔에 방을 갖고 있다.

Vous ....

Ils ....

Elles ....

→ Vous avez ..., Ils ont ..., Elles ont ...

⑵ 다음은 참 (vrai)인가, 거짓 (faux)인가?
브레 포

① Monsieur Durand a le nouveau numéro
므쓔 뒤랑 아 르 누보 뉘메로

de l'hôtel.
드 로뗄

뒤랑씨는 호텔의 새 전화번호를 갖고 있다.

② Un chien à l'hôtel de la Poste, c'est permis.
엉 시엥 아 로뗄 드 라 뽀스뜨 쎄 뻬르미

'포스트' 호텔에서는 개를 받아 들인다.

③ Le nouveau numéro, c'est le 40. 09. 11. 16.
르 누보 뉘메로 쎄 르 까랑뜨 제로네프 옹즈 쎄즈

새 번호는 40-09-11-16번이다.

④ Monsieur et Madame Durand sont à Paris.
므쓔 에 마담 뒤랑 쏭 따 빠리

뒤랑씨 부부는 빠리에 있다. → faux, vrai, faux, vrai

(3) voudrais 「~하고 싶습니다」라는 뜻의 공손한 표현
부드레

réserver 예약하다
레제르베

nouveau 새로운
누보

voilà 자 여기 있습니다.
발라

bain 욕조
뱅

발음

un annuaire 전화번호부
언 아뉘에르

le bain 욕조
르 뱅

la chambre 방, 침실
라 샹브르

le chien 개
르 시엥

nouveau 새로운
누보

le réceptionniste 프론트데스크 담당자
르 레셉시오니스뜨

W. C. (W는 프랑스어발음에서 V발음을 한다)
베 쎄

문법

명사의 여성형

1. un ami → une amie 친구
언 아미 윈 아미

un étudiant → une étudiante 학생
언 에뛰디앙 윈 에뛰디앙뜨

un avocat → une avocate 변호사
언 아보까 윈 아보뜨

un Français → une Française 프랑스인
엉 프랑쎄 윈 프랑쎄즈

2. un cuisinier → une cuisinière 요리사
엉 뀌지니에 윈 뀌지니에르

un couturier → une couturière 재단사
엉 꾸뛰리에 윈 꾸뛰리에르

un écolier → une écolière 국민학생
언 에꼴리에 윈 에꼴리에르

un étranger → une étrangère 외국인
언 에트랑제 윈 에트랑제르

3. un Coréen → une Coréenne 한국인
엉 꼬레앙 윈 꼬레엔

un Parisien → une Parisienne 빠리사람
엉 빠리지엥 윈 빠리지엔느

un champion → une championne 챔피언
엉 샹삐옹 윈 샹삐온

un chien → une chienne 개
엉 시엥 윈 시엔느

4. un fils 아들 ⟶ une fille 딸
엉 피쓰 윈 피으

un mari 남편 ⟶ une femme 아내
엉 마리 윈 팜

un roi 왕 ⟶ une reine 여왕, 왕비
엉 롸 윈 렌

un héros 주인공 ⟶ une héroïne 여주인공
언 에로 윈 에로인

연습문제

1. 다음 명사를 여성형으로 써 봅시다.

un cousin → *une cousine.* 사촌
엉 꾸쟁 윈 꾸진

① un ami
언 아미

② un étudiant
언 에뛰디앙

③ un avocat
언 아보까

④ un marchand
언 마르샹

⑤ un employé
언 앙쁠롸예

⑥ un Français
엉 프랑쎄

⑦ un Anglais
언 앙글레

⑧ un Américain
언 아메리깽

→ ① une amie 친구
윈 아미

② une étudiante 학생
윈 에뛰디앙뜨

③ une avocate 변호사
윈 아보까뜨

④ une marchande 상인
윈 마르샹드

⑤ une employée 직원
윈 앙쁠롸예

⑥ une Française 프랑스인
윈 프랑쎄즈

⑦ une Anglaise 영국인
윈 앙글레즈

⑧ une Américaine 미국인
윈 아메리깬

2. 다음 명사를 여성형으로 써 봅시다.

un boulanger → *une boulangère* 빵장수
엉 불랑제 윈 불랑제르

① un cuisinier
엉 뀌지니에

③ un écolier
언 에꼴리에

② un couturier
언 꾸뛰리에

④ un romancier
엉 로망씨에

→ ① une cuisinière 요리사
윈 뀌지니에르

③ une écolière 국민학생
윈 에꼴리에

② une couturière 재단사
윈 꾸뛰리에르

④ une romancière 소설가
윈 로망씨에르

3. 다음을 여성형으로 써 봅시다.

Un chien → *une chienne.* 개
엉 시엥 윈 시엔느

① un musicien
엉 뮈지씨엥

② un Coréen
엉 꼬레엥

③ un Parisien
엉 빠리지엥

④ un champion
엉 샹삐옹

⑤ un chat
엉 샤

→ ① une musicienne 음악가
윈 뮈지씨엔

② une Coréenne 한국인
윈 꼬레엔

③ une Parisienne 빠리사람
윈 빠리지엔느

④ une championne 챔피언
윈 샹삐온

⑤ une chatte 고양이
윈 샤뜨

4. 다음 명사의 여성형을 써봅시다.

① un homme
언 옴

② un garçon
엉 갸르쏭

④ un frère
엉 프레르

⑤ un père
엉 뻬르

③ un fils
엉 휘쓰

→ ① une femme 여자
원 팜

② une fille 소녀
원 피으

③ une fille 딸
원 피으

④ une sœur 누이
원 쐬르

⑤ une mère 어머니
원 메르

그랑제꼴

프랑스의 특수한 교육 제도로서 이러한 시스템을 가진 나라는 드물다.

그랑제꼴은 매우 수준이 높고 기업체나 관공서의 간부들이 될 사람을 주로 교육시킨다. 기술, 무역, 경영, 행정 및 기타 분야의 그랑제꼴이 있다.

그러나 1~2년 동안 그랑제꼴 예비반에서 준비교육을 받은 후, 매우 어려운 입학시험을 치러 통과해야만 입학할 수 있다.

(1) **기술 그랑제꼴** : 전자, 컴퓨터, 항공, 화학, 농업, 지질학, 전자통신등과 같은 전공분야가 포함된다. 보통 3년 동안 공부를 하고 학위를 받는다.

(2) **무역 및 경영 그랑제꼴** : 기업관리 경영, 재무 관련 전공분야를 포함한다. 3년 과정을 공부하고 무역 그랑제꼴 학위 (Diplôme d' une Grande Ecole de Commerce)를 받는다.

(3) **행정 및 기타 그랑제꼴** : 주로 관공서의 고급 간부 지망생들을 교육하나, 개인 기업체의 간부 지망생들을 교육시키기도 한다. 지형학, 기상학 등의 전공분야를 포함한다.

2A

제11과

Visite de Paris 빠리관광

1 **A** : Nous allons au Palais de Chaillot.
누 잘롱 오 빨레 드 샤이오

C'est tout près.
쎄 뚜 프레

B : Non, moi, je vais à l'Hôtel des Invalides.
농 뫄 즈 베 아 로뗄 데 쟁발리드

C : Bon, nous allons avec toi.
봉 누 잘롱 아벡 똬

역 **A** : 「샤이오궁」에 가자. 여기서 아주 가깝잖아.
B : 싫어. 나는 「앵발리드」에 갈거야.
C : 좋아, 그럼 우리도 너와 같이 갈께.

② **A** : Pardon, Monsieur, il y a une épicerie près
빠르동 므쓔 일 이 아 윈 에삐쓰리 프레

d'ici?
디씨

B : Oui, il y a une épicerie, rue Villot.
위 일 이 아 윈 에삐쓰리 뤼 비요

A : C'est loin?.
쎄 로엥

B : Non, ce n'est pas loin. C'est à droite, après
농 쓰 네 빠 로엥 쎄 따 드롸뜨 아프레

la place.
라 쁠라쓰

A : Merci, Monsieur.
메르씨 므쓔

B: De rien, Madame.
드 리엥 마담

역 **A** : 실례합니다, 아저씨. 가까운 곳에 식품점이 있습니까?
B : 「비요」 거리에 식품점이 하나 있습니다.
A : 먼가요?
B : 아뇨, 멀지 않아요. 오른쪽으로 로터리 지나서 있습니다.
A : 감사합니다.
B : 천만에요, 부인.

③ **A**: Pardon, Monsieur, il y a un café près d'ici?
빠르동 므쓔 일 이 아 엉 까페 프레 디씨

B: Oui, il y a deux cafés, rue de l'Ouest.
위 일 이 아 되 까페, 뤼 드 루에스뜨

A: C'est loin?
쎄 로엥

B: Non, ce n'est pas loin. C'est à gauche,
농 쓰 네 빠 로엥 쎄 따 고슈

après la place.
아프레 라 쁠라쓰

A: Merci, Monsieur.
메르씨 므쓔

B : De rien, Monsieur.
드 리엥 므쓔

역 **A** : 실례합니다. 이 부근에 까페가 있습니까?
B : 「루에스뜨」 거리에 까페가 두 군데 있습니다.
A : 먼가요?
B : 아뇨, 멀지 않아요. 왼쪽으로 로터리 다음에 있습니다.
A : 감사합니다.
B : 천만에요.

④ **A** : Pardon, Monsieur, pour aller à Bain, s'il
빠르동 므쓔 뿌르 알레 아 뱅 씰

vous plaît?
부 쁠레

B : C'est dans la direction de Nantes.
쎄 당 라 디렉씨옹 드 낭뜨

Vous tournez à droite après le feu.
부 뚜르네 아 드롸뜨 아프레 르 프

A : Le feu là-bas?.
르 프 라 바

B : Oui, là vous tournez à droite. Puis c'est
위 라 부 뚜르네 아 드롸뜨 쀠 쌔

tout droit.
뚜 드롸

A : C'est loin d'ici?
쎄 로앵 디씨

B : Oh non, c'est à vingt kilomètres.
오 농 쎄 따 뱅 낄로메트르

역 **A** : 미안합니다. 「뱅」까지 가려면 어떻게 해야 합니까?
B : 「낭뜨」 방향입니다.
신호등 다음 오른쪽으로 도십시오.
A : 저쪽 신호등 말입니까?
B : 네, 거기서 오른쪽으로 도십시오. 그리고 똑바로 가십시오.
A : 여기서 먼가요?
B : 아뇨, 20킬로미터 거리입니다.

단어와 표현

(1) 정관사

남성단수	**le, l’**
여성단수	**la, l’**
남, 여성복수	**les**

Didier est **l’**ami de ...... 디디에는 ~의 친구다.
디디에 에 라미 드

Les trois amis de ...... ~의 3명의 친구
레 트롸 자미 드

le Panthéon ...... 빵떼옹
르 빵떼옹

l’Opéra ...... 오페라
로뻬라

la Madeleine ...... 마들렌느 성당
라 마들렌느

les monuments ... 기념물
레 모뉘망

les églises ...... 교회
레 제글리즈

(2) **aller** 가다
알레

Je **vais** au musée. 나는 박물관에 간다.
즈 베 오 뮈제

Tu **vas** à la mer. 너는 바다에 간다.
뛰 바 아 라 메르

Il **va** à l'école. 그는 학교에 간다.
일 바 아 레꼴

Nous **allons** au stade. 우리는 경기장에 간다.
누 잘롱 오 스따드

Vous **allez** à l'hôtel. 당신들은 호텔에 간다.
부 잘레 아 로뗄

Ils **vont** au cinéma. 그들은 극장에 간다.
일 봉 오 씨네마

(3) 다음 공란을 aller à l', à la, au 중 골라 써넣으시오.

Michel va .... opéra 미셸은 오페라에 간다.
미셸 바 아 로뻬라

Suzanne et Didier .... Centre Pompidou.
쒸잔 에 디디에 봉또 쌍트르 뽕삐두

쒸잔과 디디에는 뽕피두 센터에 간다.

Vous .... théâtre. 당신들은 극장에 간다.
부 잘레 오 떼아트르

Elles .... la Tour Eiffel.
엘 봉 아 라 뚜르 에펠

그 여자들은 에펠탑에 간다. → à l', vont au, allez au, vont à

(4) Est-ce qu'il y a un café près de l'école?
에스 낄 이 아 엉 까페 프레 드 레꼴

학교 부근에 까페가 있나요?

까페 대신에 약국, 호텔, 박물관, 영화관을 물어 봅시다.

→ Est-ce qu'il y a une pharmacie ......?

un hôtel, un musée, un cinéma.

발음

le café 까페, 〔k〕, 〔g〕다음에는 구개음화 현상이 일어나 대개
르 까페

「꺄페」처럼 발음한다.

la direction 방향 ti는 〔s〕로 발음된다.
라 디렉씨옹

la droite 오른쪽
라 드롸뜨

la gauche 왼쪽
라 고슈

une épicerie 식료품점
윈 에삐쓰리

le passant 행인
르 빠쌍

문법

❖ 명사의 복수형

1. un homme → des hommes 사람
언 옴 제 좀

une femme → des femmes 여인
윈 팜 데 팜

un lit → des lits 침대
엉 리 데 리

un pneu → des pneus 타이어
엉 쁘뇌 데 쁘뇌

2. un vœu → des vœux 바람, 기원
엉 뵈 데 뵈

un caillou → des cailloux 조약돌
엉 까이유 데 까이유

un tableau → des tableaux 그림
엉 따블로 데 따블로

un bijou → des bijoux 보석
엉 비주 데 비주

un chou → des choux 양배추
엉 슈 데 슈

un bureau → des bureaux 사무실
엉 뷔로 데 뷔로

연습문제

1. 알맞는 부정관사를 쓰고, 남성형과 여성형을 모두 쓰시오.

   .... monsieur → ***Un** monsieur.* ***Une** dame* 신사, 숙녀

① .... tante
원 땅뜨

② .... actrice
원 악트리쓰

③ .... coiffeur
엉 꽈푀르

④ .... femme
원 팜

⑤ .... boulanger
엉 불랑제

⑥ .... Chinoise
원 시놔즈

⑦ .... poète
엉 뽀에뜨

⑧ .... hôtesse
원 오떼쓰

⑨ .... menteur
엉 망뙤르

⑩ .... écolière
원 에꼴리에르

→ ① une tante 아주머니, un oncle 아저씨
② une actrice 여배우, un acteur 남자배우
③ un coiffeur 남자이발사 (미용사)
une coiffeuse 여자이발사 (미용사)
④ une femme 여자, un homme 남자
⑤ un boulanger 빵 만드는 남자
une boulangère 빵 만드는 여자
⑥ une Chinoise 중국여자, un Chinois 중국남자
⑦ un poète 시인, un poète(une poétesse) 여류시인
⑧ une hôtesse 여자주인, un hôte 주인
⑨ un menteur 거짓말하는 남자,
une menteuse 거짓말하는 여자
⑩ une écolière 여자 국민학생,
un écolier 남자 국민학생

2. 다음 명사를 여성형으로 쓰시오.

Une fleur → *des fleurs*
윈 플뢰르 데 플뢰르 꽃

① Un homme
언 옴

② Une femme
윈 팜

③ Un lit
엉 리

④ Un coussin
엉 꾸쌩

⑤ Un fauteuil
엉 포뙤이

⑥ Un détail
엉 데따이

⑦ Un chandail
엉 상다이

⑧ Un fou
엉 푸

⑨ Un pneu
엉 뿌뇌

⑩ Un festival
엉 페스띠발

→ ① des hommes 남자
② des femmes 여자
③ des lits 침대
④ des coussins 쿠션
⑤ des fauteuils 의자
⑥ des détails 자세한 내용
⑦ des chandails 스웨터
⑧ des fous 정신병자
⑨ des pneus 타이어
⑩ des festivals 페스티발

3. 다음 명사를 복수형으로 쓰시오.

un caillou → *des cailloux.* 조약돌
엉 까이유 데 까이유

un tableau → *des tableaux* 그림
엉 따블로 데 따블로

① un cheveu
엉 슈브

② un jeu
엉 쥬

③ un neveu
엉 느브

⑤ un adieu
언 아디유

⑥ un bijou
엉 비쥬

⑦ un chou
엉 슈

④ un feu
엉 프

⑧ un genou
엉 즈누

→ ① des cheveux 머리카락
② des jeux 게임
③ des neveux 조카
④ des feux 불
⑤ des adieux 안녕 (작별인사)
⑥ des bijoux 보석
⑦ des chandails 양배추
⑧ des genoux 무릎

향 수

프랑스의 향수하면 우리는 샤넬을 떠올린다. 남불의 도시 그라스에서 코코 샤넬이 러시아 출신의 향수 제조사 「포」를 만난 것이 향수 신화의 시작이었다. 80여종의 원료를 교묘히 배합하여 여러 가지 향수를 실험하던 포는 1번에서 5번까지와 20번에서 24번까지의 시제품을 샤넬에게 보냈다. 이중에서 샤넬이 고른 것이 불멸의 향수 No.5였다. No.5는 곧 세계 최고의 명예를 얻으며 여성들의 선망의 대상이 되었다.

No.19는 샤넬만을 위하여 만들어진 것이었는데 그녀가 죽은후 일반에게도 판매가 되어 No.5보다 더 큰 인기를 얻고 있다. No.1은 지적이며 개성있는 여성을 표현하는 프로랄계의 향수로 연령에 관계없이 사랑받고 있다. 샤넬향수는 제품만으로도 그 어떤 광고보다 더 큰 힘을 갖고 있어서 샤넬의 이름은 그 자체가 광고라고 할 수 있다.

크리스찬 디오르는 1947년에 설립된 패션 크리스찬 디오르를 통해 「미스 디오르」라는 향수를 처음 선보였다. 활동적인 여성을 위한 「미스 디오르」외에 젊은 여성을 위한 「디오리스모 (Diorissmo)」와 1985년에 발표한 「뽀와종(Poison)」, 최근에 나온 「뒨(Dune)」등이 있다. 크리스찬 디오르의 광고는 살포시 눈을 감은 미인의 얼굴을 클로즈업으로 보여주는 사진을 계속 사용하여 여성적인 멋을 나타낸다. 말하자면 이 여인의 목덜미와 눈썹에서 향기가 뿜어져 나오는 것이 느껴지도록 만든다.

빠스깔 겔랭 (Guerlain)이 루브르박물관 옆 리볼리가에서 향수가게를 시작한 것은 낭만주의가 절정을 이루고 있던 1828년이었다. 그는 나폴레옹 3세와 스페인 귀족의 딸 유제니의 결혼식에 사용될 향수를 주문받을 만큼 유명해졌으며, 푸치니의 오페라 나비부인이 발표되던 당시 영국해군무관과 일본해군장교의 부인 미쯔꼬와의 비극적인 사랑을 다룬 소설 「전쟁」이 인기를 끌자 가련한 일본여인에게서 영감을 따온「미쯔꼬」란 향수를 만들었고, 비행기가 날기 시작하던 1933년 또 하나의 명작인 「야간비행」이라는 향수를 내놓았다.

겔랭은 「샤리마(Shalimar)」와 「삼사라(Samsara)」를 최근에 내놓고 광고 활동을 하고 있다.

제12과

Yvette est là? 이베뜨 있습니까?

① **A** : Bonjour, Mylène. Yvette est là?
봉쥬르 미렌 이베뜨 에 라

B : Non, elle n' est pas là.
농 엘 네 빠 라

A : Où est-elle?
우 에 뗄

B : Elle est en vacances avec Gaston, son frère. Ils sont à Cannes.
엘 에 떵 바깡쓰 아벡 가스똥 쏭 프레르 이 쏭 따 깐느

A : Ah bon, ils ne sont pas là.
아 봉 일 느 쏭 빠 라

B : Non, ils ne sont pas là
농 일느 쏭 빠라

역 **A** : 안녕 미렌느. 이베뜨 있니?
B : 아니, 없어.
A : 어디 갔어?
B : 남동생 가스똥과 같이 깐느로 바캉스 갔어.
A : 아 그래. 지금 없구나.
B : 응, 없어.

② **A** : Je voudrais téléphoner à Didier.
즈 부드레 뗄레포네 아 디디에

Tu as le numéro?
뛰 아르 뉘메로

A : Non, je n'ai pas le numéro de Didier.
농 즈 네 빠르 뉘메로 드 디디에

B : Ils ont un annuaire à la poste?
일 종 언 아뉘에르 아라 뽀스뜨

A : Bien sûr! On y va maintenant?
비엥 쒸르 옹 이 바 멩뜨낭

B : D'accord.
다꼬르

역 **A** : 디디에에게 전화하고 싶어.

너, 전화번호 알고 있니?

B : 아니, 디디에 전화번호는 없는데

A : 물론! 지금 같이 가 볼까?

B : 좋아.

단어와 표현

(1) Ils sont à Cannes. 그들은 깐느에 있습니다.
일 쏭 따 깐느

Ah! Ils ne sont pas là! 아, 그들은 여기 없군요.
아 일 느 쏭 빠 라

부정문을 만들기 위해서는 동사의 앞뒤에 **ne~pas**를 붙이면 된다.

Je **n'**ai **pas** le numéro de Didier.
즈 네 빠 르 뉘메로 드 디디에

나는 디디에의 전화번호가 없다.

Yvette **n'**est **pas** là. 이베뜨는 없다.
이베뜨 네 빠 라

(2) 부정문으로 만들어 봅시다.

Tu es de Lille? 너는 릴에서 왔니?
뛰 에 드 릴

→ Non, je ne suis pas de Lille. 아니 나는 릴에서 오지 않았다.
농, 즈느 쒸 빠 드 릴

Il est de Nantes?　그는 낭뜨에서 왔니?
일 에 드 낭뜨

Non, ... Nantes. → il n'est pas de Nantes.
농, 일 네 빠 드 낭뜨

Ils sont à Paris.　그들은 빠리에 있다.
일 쏭 따 빠리

→ Ils ne sont pas à Paris.
일 느 쏭 빠 자 빠리

Pierre est content.　삐에르는 만족해 한다.
삐에르 에 꽁땅

→Pierre n'est pas content.
삐에르 네 빠 꽁땅

Lorient est dans le Sud de la France.
로리앙 에 당 르 쒸드 드 라 프랑스

로리앙은 프랑스 남부 지방에 있다.

→ Lorient n'est pas dans le Sud de la France.
로리앙 네 빠 당 르 쒸드 드 라 프랑스

Le jardin du Luxembourg est à Paris.
르 자르뎅 뒤 뤽쌍부르 에 따 빠리

룩상부르 공원은 빠리에 있다.

→ Le jardin du Luxembourg n'est pas à Paris.
르 자르뎅 뒤 뤽쌍부르 네 빠 자 빠리

Le restaurant est bon.　그 식당은 훌륭하다.
르 레스또랑 에 봉

→ Le restaurant n'est pas bon.
르 레스또랑 네 빠 봉

Marianne est Anglaise. 마리안은 영국인이다.
마리안 에 앙글레즈

→ Marianne n'est pas Anglaise.
마리안 네 빠 앙글레즈

발음

Elle n'est pas là. 그 여자는 없습니다.
엘 네 빠 라

(「엘레…」처럼 「ㄹ」로 동화되지 않고 「ㄴ」음이 분명히 들리게 한다.)

Cannes 깐느
깐느

Je voudrais～ 나는～를 바랍니다.
즈 부드레

Bien sûr 물론
비엥 쒸르

D'accord O.K
다꼬르

문법

1. 문장을 복수형으로 만들기

C'est le fils de Mme Trivola.
쎄 르 피쓰 드 마담 트리볼라

트리볼라 부인의 아들이다.

→ Ce sont les fils de Mme Trivola.
쓰 쏭 레 휘쓰 드 마담 트리볼라

트리볼라 부인의 아들들이다.

L'oiseau n'est pas dans la cage.
롸조 네 빠 당 라 까쥬

새는 새장에 있지 않다.

→ Les oiseaux ne sont pas dans les cages.
레 좌조 느 쏭 빠 당 레 까쥬

새들는 새장들에 있지 않다.

C'est le neveu de Mme Rivolta.
쎄 르 느브 드 마담 리볼따

리볼따 부인의 조카다.

→ Ce sont les neveux de Mme Rivolta.
쓰 쏭 레 느브 드 마담 리볼따

리볼따 부인의 조카들이다.

2. 문장을 단수형으로 만들기

Ce sont des vendeurs et des vendeuses.
쓰 쏭 데 방되르 에 데 방되즈

남자, 여자 점원들이다.

→ Ce sont un vendeur et une vendeuse.
쓰 쏭 엉 방되르 에 윈 방되즈

남자점원과 여자점원이다.

Ce sont les clefs des voitures.
쓰 쏭 레 끌레 데 봐뛰르

자동차의 열쇠들이다.

→ C'est la clef de la voiture. 자동차의 열쇠다.
쎄 라 끌레 드 라 봐뛰르

Ce ne sont pas les étrangères.
쓰 느 쏭 빠 레 제트랑제르

그 여자들은 외국인이 아니다.

→ Ce n'est pas une étrangère.
쓰 네 빠 쥔 에트랑제르

그 여자는 외국인이 아니다.

연습문제

1. 다음 문장을 복수형으로 만들어 봅시다.

① C'est la nièce de Mme Rivolta.
쎄 라 니에쓰 드 마담 리볼따

→ Ce sont les nièces de Mme Rivolta.
쓰 쏭 레 니에쓰 드 마담 리볼따

리볼타 부인의 여자 조카들이다.

② C'est le neveu de Mme Rivolta.
쎄 르 느브 드 마담 리볼따

→ Ce sont les neveux de Mme Rivolta.
쓰 쏭 레 느브 드 마담 리볼따

리볼타 부인의 조카들이다.

③ L'oiseau n'est pas dans la cage.
롸조 네 빠 당 라 까쥬

→ Les oiseaux ne sont pas dans les cages.
레 좌조 느 쏭 빠 당 레 까쥬

새들은 새장 안에 있지 않다.

④ C'est le fils de Mme Trivola.
쎄 르 피쓰 드 마담 트리볼라

→ Ce sont les fils de Mme Trivola.
쓰 쏭 레 피쓰 드 마담 트리볼라

트리볼라 부인의 아들들이다.

⑤ C'est la fille de Mme Trivola.
쎄 라 피으 드 마담 트리볼라

→ Ce sont les filles de Mme Trivola.
쓰 쏭 레 피으 드 마담 트리볼라

트리볼라 부인의 딸들이다.

2. 다음 문장을 복수형으로 만들어 봅시다.

① Elle a un chemisier. → Elles ont des chemisiers.
엘 아 엉 슈미지에 엘 종 데 슈미지에
그 여자들은 여성용 잠바가 있다.

② J'ai un frère et une sœur.→ Nous avons des frères et des soeurs.
줴 엉 프레르 에 윈 쐬르 누 자봉 데 프레르 에 데 쐬르
우리는 형제, 자매가 있다.

③ L'acteur a un rôle. → Les acteurs ont des rôles.
락 또르 아 엉 롤 레 작뙤르 옹 데 롤
배우들은 배역이 있다.

④ C'est un bijou. → Ce sont des bijoux.
쎄 떵 비주 쓰 쏭 데 비주
보석들이다.

⑤ C'est un vêtement. → Ce sont des vêtements.
쎄 떵 베뜨망 쓰 쏭 데 베뜨망
의복들이다.

⑥ L'écureuil est dans le bois.→ Les écureuils sont dans les bois.
레뀌레이 에 당 르 봐 레 제뀌레이 쏭 당 레 봐
다람쥐들은 숲에 있다.

⑦ La chatte n'est pas sur le lit.→ Les chattes ne sont pas sur les lits.
라 샤뜨 네 빠 쒸르 르 리 레 샤뜨 느 쏭 빠 쒸르 레 리
암고양이들은 침대 위에 있지 않다.

⑧ Le chien est sous le canapé.→ Les chiens sont sous les canapés.
르 시엥 에 쑤 르 까나뻬 레 시엥 쏭 쑤 레 까나뻬
개들은 소파 밑에 있다.

3. 다음 문장을 단수형으로 만들어 봅시다.

① Ce sont des vendeurs et des vendeuses.
쓰 쏭 데 방되르 에 데 방되즈

→ Ce sont un vendeur et une vendeuse.
쓰 쏭 엉 방되르 에 윈 방되즈

남자와 여자 점원이다.

② Ce sont les clefs des voitures.
쓰 숑 레 끌레 데 봐뛰르

→ C'est la clef de la voiture. 자동차 열쇠다.
쎄 라 끌레 드 라 봐뛰르

③ Ce ne sont pas des étrangères.
쓰느 숑 빠 데 제트랑제르

→ Ce n'est pas une étrangère. 그 여자는 외국인이 아니다.
쓰 네 빠 쥔 에트랑제르

④ Voici des fruits et des fleurs.
봐씨 데 프뤼 에 데 플뢰르

→ Voici un fruit et une fleur. 과일과 꽃이 있다.
봐씨 엉 프뤼 에 윈 플뢰르

⑤ Voici les traducteurs des livres.
봐씨 레 트라뒥뙤르 데 리브르

→ Voici le traducteur du livre. 여기 그 책의 번역자가 있다.
봐씨 르 트라뒥뙤르 뒤 리브르

⑥ Ce sont des musiciens. Ils sont dans des orchestres.
쓰 숑 데 뮈지씨엥. 일 숑 당 데 조르께스트르

→ C'est un musicien. Ils est dans un orchestre.
쎄 떵 뮈지씨엥. 일 에 당 전 오르께스트르

그는 음악가다. 그는 오케스트라 단원이다.

⑦ Nous avons des amis. Ils ont des problèmes.
누 자봉 데 자미 일 종 데 프로블램

→ J'ai un ami. Il a un problème.
줴 언 아미 일 아 엉 프로블램

나는 친구가 하나 있다. 그는 문제가 있다.

⑧ Vous avez des bijoux. Nous avons des tableaux.
부 자베 데 비주 누 자봉 데 따블로

→ Tu as un bijou. J'ai un tableau.
뛰 아 엉 비주 줴 엉 따블로

나는 친구가 한명 있다. 그는 문제가 있다.

프랑스와즈 아르디

프랑스와즈 아르디는 1944년 1월 17일 빠리의 쌩·라자르 역 부근에서, 계산기공장의 감독이었던 아버지와 회계원이었던 어머니 사이에서 태어났다. 엄격했던 그녀의 부모는 그녀의 교육에 면밀한 주의를 기울였고, 그 가운데서 그녀는 매우 조용한 어린시절을 보냈다.

「라부뤼에르」 고등학교에서 공부하고 바깔로레아를 우등으로 합격, 독일어를 전공하기 위하여 소르본느대학 문학부에 등록한다. 그런데 그녀의 삶을 바꾼 것은 바로 이 시험 합격이었다. 입학을 축하하기 위해 부모님들이 그녀의 오랜 소망이었던 기타를 사 주었고, 모든 일에 신중하고, 골몰히 생각하는 성격인 그녀는 혼자서 기타를 마스터하고 곧 일기장 속에 조심스레 간직되어 있던 젊은날의 자신의 시를 음악으로 옮겼다. 피아노를 함께 배운 누이 미셸과 함께 매일 저녁 부모님에게 자신의 초기 자작 노래들을 불러 드렸다. 최초의 자작곡인 「Tu es passé sur la route」는 그녀가 그때까지 알고 있었던 세개의 기타 코오드로 이루어져 있는데 이때의 나이는 17세였다. 디스크 제작자들과 계약이 실패한 그녀는 어느날 우연히 오뜨빌 거리에서, 조니 할리데이를 발굴했던 자끄 볼프존을 만난다. 그는 서투르지만, 개성이 뚜렷한 젊은 소녀가 지닌 잠재력을 파악하고 즉시 계약을 맺는다. 몇달 후 그녀는 「Tu es passé sur la route」「Je suis d'accord」등 12곡이 담긴 첫 디스크를 녹음하는데, 이것은 폭발적인 인기를 누리게 되고 1962년 7월부터 다니엘 필리빠찌가 담당하는 「안녕! 친구들」이란 라디오 프로그램의 귀염둥이가 되었다. T.V.매체를 탄 것은 앙드레 살베에 의해 제작된 「Toute la chanson」에서 부터이다. 1963년 5차례나 45회전 디스크를 녹음했던 아르디는 Académie Charles Gros의 디스크 대상을 수상했고 쟝·끌로드 브리알리와 「스웨덴의 성」을 촬영, 또한 처음으로 리샤르·앙또니와 프랑스 전국 순회 공연을 가졌다.

Olympia극장에서 공연했던 1964년은 결정적인 성공을 가져다 준 해였고, 대중은 최고의 격찬을 보냈으며, 비평가들도 칭찬을 아끼지 않았다.

영화쪽으로도 활동했던 프랑스와즈 아르디는 1965년 「Une balle au coeur」에, Clive Donner감독의 「Quoi de neuf Russy-Cat」에서 열연했고, 66년에는 가수겸 배우인 이브몽땅과 함께 「그랑프리」를 찍었다. 많은 외국인 팬들을 위해서 그녀는 영어, 이태리어, 독어, 스페인어로 노래를 녹음했으며, 순회공연을 떠날 때마다 광란에 가까운, 대접을 받은, 대중의 사랑을 받으면서도 자신의 분위기를 지닐 줄 안 가수이다.

CHANSON

Comment te dire adieu?

Sous aucun prétexte, je ne veux,
Avoir de réflexe malheureux,
Il faut que tu m'expliques un peu mieux
Comment te dire adieu?
Mon cœur de silex vite prend feu,
Ton coeur de pyrex résiste au feu,
Je suis bien perplexe, je ne peux,
Me résoudre aux adieux.
Je sais bien qu'un ex-
Amour n'a pas de chance, ou si peu,
Mais pour moi, une explication vaudrait mieux.
(refrain)
Sous aucun prétexte, je ne veux,
Devant toi surexposer mes yeux,
Derrière un kleenex je serais mieux
Comment te dire adieu?
Tu as mis a l'index,
Nous nuits blanches, nos matins gris bleus,
Mais pour moi, une explication vaurait mieux.

어떻게 안녕이라고 말할 수 있나요.

노래 : Françoise HARDY

어떤 이유에서건, 난 원치 않아요
불행한 생각을 갖기를
내게 더 잘 설명해야 해요
어떻게 안녕이라고 말하죠?

부싯돌인 내 마음은 쉽게 불을 피우고
내열유리인 당신 마음은 불에 견디죠
어떻게 해야할지 모르겠어요
안녕이라는 말에
난 알아요. 이전의 사랑은
운이 없었다는 걸.
하지만 내게 설명하는게
더 낫겠죠.

(후렴)
어떤 이유에서든 난 원치 않아요
당신 앞에 내 눈을 드러내기를
화장지 뒤로 가리는 것이 낫겠죠.
어떻게 안녕이라고 말할 수 있죠?
당신은 금지 목록에 넣었어요.
우리가 밝힌 밤과 뿌연 아침들을.
내게 어떤 설명을 해주는게
더 나을거예요.

제13과

Alain rencontre un ami 알랭은 친구를 만난다

1 **A** : Tiens! Salut, Gilles, comment ça va?
떠엥 쌀뤼 질 꼬망 싸 바

B : Ça va bien, merci. Et toi?.
싸 바 비엥 메르씨 에 뚜아

A : Ça va. Tu habites à Séoul maintenant?
싸 바 뛰 아비뜨 아 쎄울 멩뜨낭

B : Non, j'habite toujours à Paris.
농 자비뜨 뚜주르 아 빠리

A : Tu es en vacances alors.
뛰 에 졍 바깡쓰 알로

B :Oui, toute la famille passe les vacances
위 뚜뜨 라 파미 빠쓰 레 바깡쓰

en Corée.
엉 꼬레

역 **A** : 안녕, 질, 잘 지내니?
B : 잘 지내고 있어. 고마와, 너는 어때?
A : 잘 지내고 있어. 너는 지금 서울에 살고 있니?
B : 남아니, 계속 빠리에 살고 있어.
A : 그럼 휴가 중이로구나.
B : 그래. 모든 가족이 한국에서 휴가를 보내고 있어.

② **A** : Tu restes encore quelque temps ici?
뛰 레스뜨 앙꼬르 껠끄 땅 이씨

B : Oui, je reste encore quelques jours.
위, 즈 레스뜨 앙꼬르 껠끄 주르

A : Jusqu'à quand?
쥐스까 깡

B : Samedi, je quitte Séoul. Mais je ne rentre pas
쌈디 즈 끼뜨 쎄울 메 즈 느 랑트르 빠

encore à Paris.
장꼬르 아 빠리

역 **A** : 여기 한동안 더 있을거니?
B : 응, 며칠 더 있을거야?
A : 언제까지?
B : 토요일에 서울을 떠나. 하지만 바로 빠리에 돌아가지는 않을 거야.

③ **A** : Vous restez encore quelques jours ici?
부 레스떼 앙꼬르 깰끄 주르 이씨

B : Non, non, nous ne restons pas.
농 농 누 느 레스똥 빠

Ce n'est pas possible.
쓰 네 빠 뽀씨블

A : C'est dommage. Vous quittez Séoul quand?
쎄 도마쥬 부 끼떼 쎄울 깡

B : Demain. Mais nous restons encore quelques
드맹 메 누 레스똥 앙꼬르 깰끄

jours en Corée.
주르 엉 꼬레

역 **A** : 여기 며칠 더 있을거니?
B : 아니, 더 있지 않을거야. 그럴 수가 없어.
A : 유감이다. 언제 서울을 떠나니?
B : 내일. 하지만 한국에 며칠 더 있을거야.

단어와 표현

(1) Alain habite à Séoul, il rencontre un ami.
알랭 아비뜨 아 쎄울 일 랑꽁트르 언 아미
알랭은 서울에 살고 있다. 그는 어떤 친구를 만난다.

Tu habites à Séoul? 너는 서울에 살고 있니?
뛰 아비뜨 아 쎄울

Vous restez quelques jours ici?
부 레스떼 깰끄 주르 이씨?
너희들은 여기서 며칠간 머물거니?

Oui, nous restons quelques jours.
위 누 레스똥 깰끄 주르
우리는 여기서 며칠간 머문다.

• 여기서 이른바 1군동사 (-er)인 rencontrer(만나다) 동사의 변화형을 살펴보자.

Je rencontr**e** un ami. 친구를 만나다. 즈 랑꽁트르 언 아미	Nous recont**rons** 누 랑꽁트롱
Tu rencontr**es** 뛰 랑꽁트르	Vous rencontr**ez** 부 랑꽁트레
Il(Elle) recontr**e** 일(엘) 랑꽁트르	Ils(Elles) rencontr**ent** 일(엘) 랑꽁트르

그러나 3인칭 복수 **-ent** 는 단수어미 e, es, e과 발음은 같다.

⑵ habiter (~에 살다)와 quitter (~을 떠나다)의 변화도 살펴보자.

J' 자 비 뜨	habite à Séoul. 아 쎄울
Tu 뛰	habites 아비뜨
Il 일	habites 아비뜨
Nous 누	habitons 자비똥
Vous 부	habitez 자비떼
Ils 일	habitent 자비뜨
Je 즈	quitte Séoul. 끼뜨 쎄울
Tu 뛰	quittes 끼뜨
Il 일	quitte 끼뜨
Nous 누	quittons 끼똥
Vous 부	quittez 끼떼

Ils　　quittent
일　　　끼뜨

(3) Salut 안녕　　être en vacances 휴가중이다.
쌀뤼　　　　　에트르 엉　　바깡쓰

toute la famille 전가족　　rester 남아있다. ～에 있다.
뚜뜨 라　파미　　　　　　레스떼

quitter 떠나다　encore 아직
끼떼　　　　　　앙꼬르

quelques 몇몇　dommage 유감
깰끄　　　　　　도마쥬

발음

rencontrer 만나다 (1군동사 끝의 r은 발음되지 않는다.)
랑꽁트레

vacances 휴가
바깡쓰

quitter 떠나다
끼떼

maintenant 지금
멩뜨낭

jusqu'à ～까지 (qu는 [kw]가 아니라 [k] 발음이다.)
쥐스까

문법

❖ 형용사의 여성형

1. joli → jolie 예쁜
졸리 졸리

vrai → vraie 맞는
브레 브레

gai → gaie 즐거운
게 게

déçu → déçue 실망한
데쒸 데쒸

fatigué → fatiguée 피곤한
파띠게 파띠게

brun → brune 갈색의
브랭 브륀

voisin → voisine 이웃한
봐쟁 봐진

2. bon → bonne 좋은
봉 본

mignon → mignonne 귀여운
미뇽 미뇬

ancien → ancienne 오래된
앙씨엥 앙씨엔

moyen → moyenne 중간의
뫄옝 뫄옌

italien → italienne 이탈리아의
이딸리엥 이딸리엔

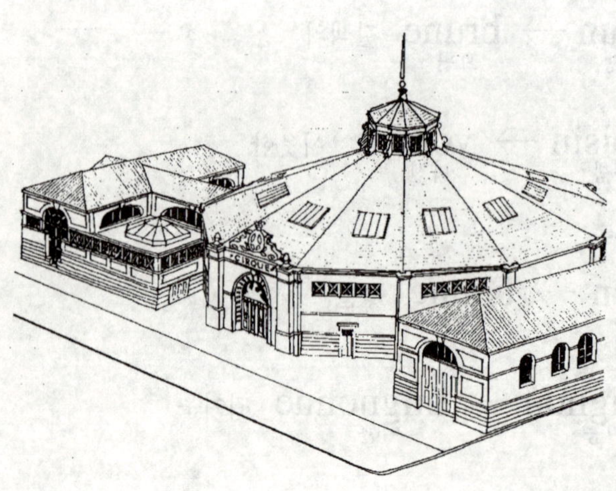

연습문제

1. 보기와 같이 문장을 여성형으로 만들어 봅시다.

보기) Il est poli → *Elle est polie*
일 에 뾸리 엘 에 뾸리
그는 공손하다. 그녀는 공손하다.

① Il est joli. → Elle est jolie. 그녀는 예쁘다.
일 에 죨리 엘 에 죨리

② Il est vrai. → Elle est vraie. 그녀는 옳다.
일 에 브레 엘 에 브레

③ Il est gai. → Elle est gaie. 그녀는 즐겁다.
일 에 게 엘 에 께

④ Il est connu. → Elle est connue. 그녀는 알려졌다.
일 에 꼬뉘 엘 에 꼬뉘

⑤ Il est déçu. → Elle est déçue. 그녀는 실망했다.
일 에 데쒸 엘 에 데쒸

⑥ Il n'est pas marié.→ Elle n'est pas mariée
일 네 빠 마리에 엘 네 빠 마리에
그녀는 결혼하지 않았다.

⑦ Il est divorcé → Elle est divorcée. 그녀는 이혼했다.
일 에 디보르쎄 엘 에 디보르쎄

⑧ Il est enrhumé est fatigué→ Elle est enrhumée et fatiguée
일 에 앙뤼메 에 파띠게 엘 에 앙뤼메 에 파띠게
그녀는 감기 걸리고 피로해 한다.

2. 다음 문장을 완성시켜 봅시다.

① (*brun*) C'est un garçon .... C'est une fille ....
쎄 떵 갸르쏭 브랭. 쎄 뛴 피으 브륀
갈색머리의 소년이다. 갈색머리의 소녀다.
→ brun, brune

② (*voisin*) C'est l'appartement .... C'est la famille ....
쎄 라빠르뜨망 봐쟁 쎄 라 파미 봐진
이웃 아파트다. 이웃집이다. → voisin, voisine

③ (*lointain*) C'est un pays .... C'est une ville ....
쎄 떵 뻬이 로앵땡. 쎄 뛴 빌 로앵뗀
먼 나라다. 먼 도시다. → lointain, lointaine

④ (*prochain*) C'est le mois .... C'est l'année ....
쎄 르 뫄 프로셍. 쎄 란네 프로셴
다음 달이다. 내년이다. → prochain, prochaine

3. 보기와 같이 문장을 완성시켜 봅시다.

보기) (*parisien*) Il est .... Elle est ....
→ Il est Parisi**en**. Elle est Parisi**enne**.
일 에 빠리지엥. 엘 에 빠리지엔
그는 빠리 사람이다. 그녀는 빠리 사람이다.

① (*bon*) Le champion est .... La championne est ....
르 샹삐옹 에 봉 라 샹삐온 에 본
챔피언은 훌륭하다. 여자 챔피언은 훌륭하다.
→ bon, bonne

② (*mignon*) Le bébé est .... La petite fille est ....
르 베베 에 미뇽. 라 쁘띠뜨 피으 에 미뇬
아기는 귀엽다. 소녀는 귀엽다.
→ mignon, mignonne

③ (*ancien*) Le tableau est .... L'horloge est ....
르 따블로 에 땅씨엥. 로를로즈 에 땅씨엔
그림은 오래된 것이다. 시계는 오래된 것이다.
→ ancien, ancienne

④ (*moyen*) Le résultat est .... La note est ....
르 레쥘따 에 뫄엥. 라 노뜨 에 뫄옌
결과는 중간점수다. 성적은 중간이다.
→ moyen, moyenne

최초의 프랑스인과의 접촉

조선 사람들이 들었던 최초의 서양말 중의 하나는 아마도 네델란드인들이 우리나라에 표류해 왔을 때 듣게 된 네델란드어였을 것이다. 이 무렵 북경에 가있던 조선 사신 일행중 어떤 사람들은 북경의 서양 예수회 선교사들 (이탈리아인, 포르투갈인, 독일인)과 접촉하고 있었으며, 1703년 프랑스 신부들과도 접촉할 수 있었을 것이다. 최초의 조선인 천주교 신자인 이승훈은 북경의 성당에서 그라몽 (de Grammont)이라는 프랑스인 신부로부터 1784년에 영세를 받았다. 우리나라에 우연이 아니라 의도적으로 온 최초의 서양인이 프랑스인이라는 사실을 주목할 일이다. 왜냐하면 조선이 독립된 교구로 설정된 (1831년) 뒤에 수 많은 프랑스 선교사들이 잠입해 왔는데, 1836년 입국한 모방(Maubant) 신부를 비롯하여, 샤스탕(Chastan), 앵베르(Imbert) 두 신부가 이듬해에 들어왔다. 1836년 모방 신부는 세명의 젊은이를 사제로 기르기 위해 마카오에 보냈다. 그들은 서양문화를 공부한 최초의 조선인으로, 프랑스어, 라틴어, 그리고 그밖의 서양 학문을 배웠다. 세 학생 중 최양업은 프랑스어와 라틴어에 다 능통했으나, 김대건은 프랑스어가 서툴렀다고 한다. 1856년에는 충청도 배론에 신학교가 세워져 6명의 학생에게 라틴어와 한문을 가르쳤다.

조선교구의 설정이후 개국(1876년)에 이르기까지 40여년간 모두 21명의 프랑스 선교사들이 조선에 들어왔으나, 그동안 조선사람들이 프랑스어나 문화에 별로 관심을 가진 것 같지는 않다. 프랑스 선교사들과 조선의 기독교도들이 박해를 받고 있었기 때문임은 물론이다. 그러나 그러한 무관심은 조선 사람들이 중국만을 세계의 유일한 문명국으로 인정하고 있었던 반면, 서양사람들은 야만인으로 알고 있었기 때문이기도 한데, 절대적인 쇄국주의의 탓으로 세계 정세를 모르고 있었던 것이다. 새로운 문명이 남쪽으로부터 오고 있다는 것도 모르고 북쪽만 바라보고 있었던 것이다.

그러나 이 시대에 프랑스 선교사들의 부지런한 연구 덕택으로 샤를달레(Charle Dallet)의 「조선 교회사」(1874)와 함께, 「韓佛字典」(1880)과 「韓語文典」(1881)이 간행 되었음은 특기할만 하다.

제14과

La boum de Marie-Lousie 마리 루이즈의 파티

① **A** : Salut, Marc. La boum de Marie-Lousie,
쌀뤼 마르끄 라 붐 드 마리 루이즈

où est-ce?
우 에 쓰

B : C'est à la Maison des Jeunes.
쎄 따 라 메종 데 죈

A : Dans le grand salon?
당 르 그랑 쌀롱

B : Non, dans la petite salle des fêtes.
농 당 라 쁘띠뜨 쌀 데 페뜨

A : Pourquoi dans la petite salle? Il y a deux
뿌르꽈 당 라 브띠뜨 쌀 일 이 아 되

grandes salles dans la Maison des Jeunes.
그랑드 쌀 당 라 메종 데 죈

B :Je ne sais pas. Mais la petite salle est assez
즈 느 쎄 빠 메 라 쁘띠뜨 쌀 에 따쎄

grande pour la boum.
그랑드 뿌르 라 붐

역 **A** : 안녕, 마고. 마리 루이즈의 파티가 어디서 열리지?
B : 청소년 회관에서 열려.
A : 큰 방에서?
B : 아니, 작은 파티용 방에서.
A : 왜 작은 방에서 할까? 청소년회관에는 큰 방이 두개나 있는데.
B : 모르겠어. 하지만 작은 방도 파티를 하기에 충분히 커.

2 **A** : Marianne vient aussi aujourd'hui?
마리안 비엥 오씨 오쥬르뒤?

B : Non, ce n'est pas possible.
농 쓰 네 빠 뽀씨블

A : Pauvre Marianne. Pourquoi ne vient-elle pas?
뽀브르 마리안 뿌르꽈 느 비엥 뗄 빠

B : Elle n'habite plus à Séoul.
엘 나비뜨 쁠뤼 자 쎄울

A : Ah? Où habite-t-elle alors?
아 우 아비뜨 뗄 알로르

B : A Paris. Elle est étudiante à Paris.
아 빠리 엘 에 에뛰디앙뜨 아 빠리

B : Oui, elle a une chambre à la cité universitaire.
위 엘 아 윈 샹브르 아 라 씨떼 위니베르씨떼르

A :C'est bien, la cité universitaire?
쎄 비엥 라 씨떼 위니베르씨떼르

B : Oh, la chambre est petite, mais très jolie.
오 라 샹브르 에 쁘띠뜨 메 트레 졸리

A : Marianne est contente à Paris?
마리안 에 꽁땅뜨 아 빠리

B : Oh, oui, elle est très contente.
오 위 엘 에 트레 꽁땅뜨

역 **A** : 마리안도 오늘 오니?
B : 아니, 못 와
A : 불쌍한 마리안. 왜 못오지?
B : 더이상 서울에 살지 않아.
A : 그래! 그럼 어디 사니?
B : 빠리에. 빠리에서 공부해.
B : 응. 기숙사촌에 방이 있어.
A : 기숙사는 좋으니?
B : 방이 작긴 하지만 아주 예뻐.
A : 마리안은 빠리에서 만족해 하니?
B : 응. 매우 만족해 해.

단어와 표현

⑴ 형용사의 일치

le **grand** salon 큰 거실
르 그랑 쌀롱

les **grandes** salles 큰 방들
레 그랑드 쌀

la **grande** sœur 누나
라 그랑드 쐬르

성 수	단 수	복 수
남 성	le grand salon 르 그랑 쌀롱	les grands salons 레 그랑 쌀롱

⑵ 여성형을 찾아 보자.

① Le petit salon et la .... chambre.
르 쁘띠 쌀롱 에 라 쁘띠뜨 샹브르

작은 거실과 작은 방

② Alain est content. Marianne est ....
알랭 에 꽁땅 마리안 에 꽁땅뜨

알랭은 만족해 한다. 마리안느는 만족해 한다.

③ Le grand frère de Marc. La .... soeur de Marie.
르 그랑 프레르 드 마르끄 라 그랑드 쐬르 드 마리

마르끄의 형, 마리의 언니. → petite, contente, grande

⑶ 다음은 참(vrai)인가, 거짓(faux)인가?

① La chambre de Marianne est grande et jolie.
라 샹브르 드 마리안 에 그랑드 에 졸리

마리안의 방은 크고 예쁘다.

② La chambre de Marianne est petite et jolie.
라 샹브르 드 마리안 에 쁘띠뜨 에 졸리

마리안의 방은 작고 예쁘다.

③ La petite salle est bien pour la boum.
라 쁘띠뜨 쌀 에 비엥 뿌르 라 붐

작은 방은 파티를 할 만하다.

④ La petite salle n'est pas assez grande.
라 쁘띠뜨 쌀 네 빠 자쎄 그랑드

작은 방은 충분히 크지 않다. → faux, vrai, vrai, faux

⑷

boum 청소년들의 댄스파티
붐

cité universitaire 대학기숙사 촌
씨떼 위니베르씨떼르

fête 축제 content 만족한 assez 충분히
페뜨 꽁땅 아쎄

발음

la boum 파티, 끝의 m까지 분명히 발음한다.
라 붐

possible 가능한
뽀씨블

la fête 잔치, 파티
라 페뜨

les jeunes 젊은이들
레 죈

pourquoi 왜
뿌르꽈

문법

❖ 형용사의 여성형

1. grand → grande 큰
그랑 그랑

blond → blonde 금발의
블롱 블롱드

chaud → chaude 더운
쇼 쇼드

bavard → bavarde 말이 많은
바바르 바바르드

profond → profonde 깊은
프로퐁 프로퐁드

2. principal → principale 주요한
프랭씨빨 프랭씨빨

original → originale 독창적인
오리지날 오리지날

spécial → spéciale 특이한
스뻬씨알 스뻬씨알

amical → amical 다정한
아미깔 아미깔

3. cruel → cruelle 잔인한
크뤼엘 크뤼엘

annuel → annuelle 매년의
아뉘엘 아뉘엘

naturel → naturelle 자연의
나뛰렐 나뛰렐

habituel → habituelle 습관적인
아비뛰엘 아비뛰엘

연습문제

1. 다음 문장을 완성시켜 봅시다.

① Le marchand est grand et blond. La ..... est ...... est ......
르 마르샹 에 그랑 에 블롱드. 라 마르샹드 에 그랑드 에 블롱드

상인은 크고 금발이다. 여자상인은 크고 금발이다.

→ marchande, grande, blonde

② Le vent est chaud ou froid. La saison est .... ou ....
르 방 에 쇼 우 프롸. 라 쎄종 에 쇼드 우 프롸드

바람은 덥거나 춥다. 계절은 덥거나 춥다.

→ chaude, froide

③ Le coiffeur est bavard et laid. La .... est .... et ....
르 꽈푀르 에 바바르 에 레. 라 꽈푀즈 에 바바르드 에 레드

남자 미용사는 말이 많고 못생겼다. 여자 미용사는 말이 많고 못생겼다.

→ coiffeuse, bavarde et laide

④ Le second placard est profond. La ..... penderie est.......
르 쓰공 쁠라까르 에 프로퐁. 라 쓰공드 빵드리 에 프로퐁드

두번째 벽장은 깊다. 두번째 옷걸이장은 깊다.

→ seconde, profonde

⑤ Le pneu est rond et lourd. La roue du camion est ......
르 쁘뇌 에 롱 에 루르. 라 루 뒤 까미옹 에 루르드

타이어는 둥글고 무겁다. 트럭의 바퀴는 둥글고 무겁다.

→ ronde et lourde

2. 다음 문장을 완성시켜 봅시다.

① C'est le verbe principal. C'est la phrase ....
쎄 르 베르브 프랭씨빨. 쎄 라 프라즈 프랭씨빨

주요 동사다. 주요한 문장이다. → principale

② C'est un homme original. C'est une femme ....
쎄 떤 옴 오리지날. 쎄 뛴 팜 오리지날

독창적인 남자다. 독창적인 여자다. → originale

③ C'est un mot spécial. C'est une prononciation ....
쎄 떵 오 스뻬씨알. 쎄 뛴 프로농씨아씨옹 스뻬씨알
특이한 단어다. 특이한 발음이다. → spéciale

④ C'est un garçon amical et sentimental. C'est une fille
쎄 떵 갸르쏭 아미깔 에 쌍띠망딸. 쎄 뛴 피으
.... et .... → amicale, sentimentale
아미깔 에 쌍띠망딸
다정하고 감상적인 소년이다. 다정하고 감상적인 소녀다.

⑤ C'est un événement national. C'est une élection ....
쎄 떤 에베느망 나씨오날. 쎄 뛴 엘렉씨옹 나씨오날
국가적인 사태다. 전국적인 선거다. → nationale

3. 다음과 같이 만들어 봅시다.

C'est un homme cruel. (*une femme*) 잔인한 남자다.
→ *C'est un homme cruel. C'est une femme cruelle.*
쎄 떤 옴 크뤼엘. 쎄 떤 팜 크뤼엘
잔인한 여자다.

① C'est un journal mensuel. (*une revue*) 월간 잡지다.
쎄 떵 쥬르날 망쒸엘
→ C'est une revue mensuelle 월간 잡지다.
쎄 뛴 르뷔 망쒸엘

② C'est un congrès annuel. (*une réunion*) 연례모임이다.
쎄 떵 꽁그레 아뉘엘
→ C'est une réunion annuelle 연례모임이다.
쎄 뛴 레위니옹 아뉘엘

③ C'est un produit naturel. (*une catastrophe*) 자연 생산물이다.
쎄 떵 프로뒤 나뛰렐
→ C'est une catastrophe naturelle 천재지변이다.
쎄 뛴 까따스트로프 나뛰렐

죠르쥬 무스타키

1934년 5월 3일 이집트의 알렉산드리아에서, 그리이스인이며, 그곳에서 책방을 경영하는 아버지 밑에서 출생했다. 17세인 1952년에 빠리에 가서, 책방에 근무하며 대학입학 자격시험인 바깔로레아를 획득했고, 이때에 죠르쥬 브랑쌍스를 알게되고, 그의 격려를 받아 노래를 만들게 된다.

1958년 기타 주자인 앙리 크롤라가 에디뜨 삐아프에게 죠르쥬 무스타키를 소개해 삐아프의 젊은 애인으로 그녀를 위해 작곡하게 된다. 59년 미국 순방시 만든 「Milord」는 커다란 성공을 거둔다. 에디뜨 삐아프가 63년에 세상 뜨자, 무스타키에게는 어려운 시기가 닥친다. 그는 처음엔 작사·작곡가로 출발했으나 1960년경에 레코드를 취입하여 가수로서의 길을 걷게 되고, 69년 「이방인」 (Le météque) 를 발표, 「보비노」의 간판스타로 떠른다. 그의 음성은 부드럽고 온화하나 「살아야할 시간들」 (Le temps de vivre)의 가사속에는 남다른 결의가 엿보이기도 한다. 그의 대표곡은 「Le météque」 「Le temps de vivre」 「La carte du tendre」 「Il est trop tard」 「Sans la nommer」 「Donne du rhum à ton homme」등을 들 수 있다.

Bobino 는 「쌩·제르맹·데·프레」, 대학가, 룩상부르공원, 소르본느 등이 있는 세느강 남쪽에 있으며, 주로 실존주의자, 반체제파 등이 즐겨찾는 서민층의 분위기를 가진 음악살롱이며, Olympia는 질베르·베꼬, 아즈나부르, 아다모 등이 출연하고, 관광객들이 많이 찾으며, 고객들은 모두 정장차림이다.

제15과

Comment t'appelles-tu? 너의 이름이 뭐니?

1 **A** : Comment t'appelles-tu?
꼬망 따뻴 뛰

B : Euh .... Je m'appelle Jean. Euh ...... et toi?
으 즈 마뻴 장 으 에 뚜와

A : Moi? Je m'appelle Mylène.
뫄 즈 마뻴 미렌

역 **A** : 너는 이름이 뭐니?
B : 내 이름은 장이야. 그럼 네 이름은?
A : 나? 내 이름은 미렌느야.

2 **A** : Tu connais la jolie fille en jean?
뛰 꼬네 라 조리 피으 엉 진

B : Oui, c'est la sœur de Gaston.
위 쎄 라 쐬르 드 가스똥

A : Comment s'appelle-t-elle?
꼬망 싸뻴 뗄

B : Elle s'appelle Mylène.
엘 싸뻴 미렌

역 **A** : 저기 청바지 입은 여자애를 아니?
B : 응, 가스똥의 누이야.
A : 이름이 뭐야?
B : 미렌느야.

3 **A** : Tu vois Mylène? Avec qui danse-t-elle?
뛰 봐 미렌 아벡 끼 당쓰 뗄

B : Avec un ami, bien sûr.
아벡 언 아미 비엥 쒸르

A : Comment s'appelle-t-il?
꼬망 싸뻴 띨

B : Je ne sais pas, mais c'est un beau garçon.
즈 느 쎄 빠 메 쎄 떵 보 갸르쏭

역 **A** : 미렌느가 보이지? 누구하고 춤추고 있니?
B : 남자 친구하고, 확실해.
A : 그 남자애 이름이 뭐야?
B : 모르겠어. 하지만 잘 생겼는데.

단어와 표현

(1) 이름이 ~이다.

Je m'appelle Claire. 내 이름은 끌레르다.
즈 마뻴 끌레르

Tu t'appelles Olivier. 네 이름은 올리비에다.
뛰 따뻴 올리비에

Il s'appelle Marc. 그의 이름은 마끄다.
일 싸뻴 마르끄

Elle s'appelle Anne. 그녀의 이름은 안느다.
엘 싸뻴 안느

Comment t'appelles-tu? 이름이 뭐니?
꼬망 따뻴 뛰?

Je m'appelle Jean. 내 이름은 장이다.
즈 마뻴 장

Il s'appelle Jean. 그의 이름은 장이다.
일 싸뻴 장

Moi, je m'appelle Hélène. 내 이름은 엘렌이다.
뫄 즈 마뻴 엘렌

Elle s'appelle Hélène. 그녀의 이름은 엘렌이다.
엘 싸뻴 엘렌

(2) Demandez à un camarade comment il s'appelle.
친구에게 이름이 뭐냐고 물어보시오.

→ Tu t'appelles comment? 네 이름이 뭐지?
뛰 따뻴 꼬망

→ Comment t'appelles-tu? 네 이름이 뭐지?
꼬망 따뻴 뛰

(3) **comment**의 여러 기능
꼬망

Comment ça va? 잘 지내니?
꼬망 싸 바

Comment est la chambre de Marianne?
꼬망 에 라 샹브르 드 마리안

미리안의 방은 어때?

(4)

s'appeler 이름이~이다.
싸뻘레

connaître 알다, 시귀다.
꼬네트르

danser 춤추다.
당쎄

발음

Tu t'appelles... 「너의 이름은 ~이다.」
뛰 따뻴

ll처럼 자음이 두자일때는 앞 모음에 악쌍그라브 (è) 가 붙은것 처럼 〔에〕 발음을 한다.

Vous vous appelez... 「당신의 이름은 ~이다.」
부 부 자쁠레

그러나 appelez는 〔아쁠레〕로 발음된다.

Il s'appelle... 그의 이름은 ~이다.
일 싸뻴

Tu connais 너는 안다.
뛰 꼬네

Vous connaissez 당신은 알고 있다.
부 꼬네쎄

문법

❖ 1군 동사 (er로 끝나는 동사) 변화]

~ e	~ ons
~ es	~ ez
~ e	~ ent

그러나 실제로 발음이 되는 것은 nous ~ons의 〔옹〕과 vous ~ez의 〔에〕이며 ils, elles의 ~ent는 〔앙〕으로 나지 않고 단수형처럼 〔으〕로 난다.

Parler 말하다

je parle (나) 즈 빠를르	Nous parlons (우리) 누 빠를롱
tu parles (너) 뛰 빠를르	Vous parlez (당신, 당신들) 부 빠를레
il parle (그) 일 빠를르	ils parlent (그들) 일 빠를르

chanter 노래하다

je chante (나) 즈 샹뜨	Nous chantons (우리) 누 샹똥
tu chantes (너) 뛰 샹뜨	Vous chantez (당신, 당신들) 부 샹떼
il chante (그) 일 샹뜨	ils chantent (그들) 일 샹뜨

danser 춤추다

je danse (나) 즈 당쓰	Nous dansons (우리) 누 당쏭
tu danses (너) 뛰 당쓰	Vous dansez (당신, 당신들) 부 당쎄
il danse (그) 일 당쓰	ils dansent (그들) 일 당쓰

posséder 소유하다

je possède (나) 즈 뽀쎄드	Nous possédons (우리) 누 뽀쎄동
tu possèdes (너) 뛰 뽀쎄드	Vous possédez (당신, 당신들) 부 뽀쎄데
il possède (그) 일 뽀쎄드	ils possèdent (그들) 일 뽀쎄드

peser 무게를 달다, 무게가 ~이다.

je pèse (나) 즈 뻬즈	Nous pesons (우리) 누 쁘종
tu pèses (너) 뛰 뻬즈	Vous pesez (당신, 당신들) 부 쁘제
il pèse (그) 일 뻬즈	ils pèsent (그들) 일 뻬즈

연습문제

1. 다음 어미를 완성시켜 봅시다.

① Je parl .... 나는 말한다. → parle
즈 빠를르

② Tu chant .... 너는 노래한다. → chantes
뛰 샹뜨

③ Elle dans .... 그녀는 춤춘다. → danse
엘 당쓰

④ Nous étudi ..... 우리는 공부한다. → étudions
누 제뛰디옹

⑤Vous jou .... 당신은 ~하고 논다. → jouez
부 주에

⑥ Ils écout .... 그들은 듣는다. → Ils écoutent
일 제꾸뜨

2. 괄호 안의 동사를 현재 시제로 변화시켜 봅시다.

① Pierre et Catherine (*parler*) et (*regarder*) des photos.
삐에르 데 까뜨린느 빠를르 에 르가르드 데 포또

삐에르와 까뜨린느는 이야기하며 사진을 본다.

→ parlent, regardent

② Tu (*chanter*) une jolie chanson et je (*danser*).
뛰 샹뜨 윈 졸리 샹쏭 에 즈 당쓰

너는 아름다운 노래를 부르고 나는 춤춘다. → chantes, danse

③ Nicolas (*aimer*) le chocolat et (*détester*) les carottes.
니꼴라 엠 르 쇼꼴라 에 데떼스뜨 레 까로뜨

니꼴라는 초콜렛을 좋아하고 홍당무를 싫어한다.

→ aime, déteste

④ Nous (*étudier*) le français : nous (*travailler*) beaucoup.
누 제뛰디옹 르 프랑쎄 누 트라바이옹 보꾸

우리는 프랑스어를 공부한다. 우리는 열심히 공부한다.

→ étudions, travaillons

⑤ La petite fille (*jouer*) dans le jardin. → joue
라 쁘띠뜨 피으 주 당 르 자르뎅
어린 소녀는 정원에서 논다.

→ aime, déteste

⑥ Vous (*écouter*) un disque et elles (*discuter*)
부 제꾸떼 엉 디스끄 에 엘 디스뀌뜨
당신들은 레코드를 듣고 그 여자들은 토론한다.

→ écoutez, discutent

3. 필요하다면 악쌍 (보조기호)을 붙이시오.

① *Posséder* : Je possede 소유하다 possède
뽀쎄데 즈 뽀쎄드

Tu possedes possèdes
뛰 뽀쎄드

Il possede → possède
일 뽀쎄드

Nous possedons possédons
누 뽀쎄동

Vous possedez possédez
부 뽀쎄데

Ils possedent possèdent
일 뽀쎄드

② *Peser* : Je pese 무게가 나가다 pèse
쁘제 즈 뻬즈

Tu peses pèses
뛰 뻬즈

Il pese → pèse
일 뻬즈

Nous pesons 누 쁘종	pesons
Vous pesez 부 쁘제	pesez
Ils pesent 일 뻬즈	pèsent

4. 괄호 안의 동사를 현재 시제로 변화시키시오.

① Ils (*posséder*) une grande maison et nous (*posséder*)
일 뽀쎄드 윈 그랑드 메종 에 누 뽀쎄동
un petit appartement. → possèdent, possédons
엉 쁘띠 따빠르뜨망
그들은 큰집을 갖고 있고 우리는 작은 아파트를 갖고 있다.

② Tu ne (*peser*) pas cent kilos! → pèses
뛰 느 뻬즈 빠 쌍 낄로
너는 무게가 100킬로가 아니다.

③ Vous (*espérer*) avoir une lettre, j'(*espérer*) aussi.
부 제스뻬레 아봐르 윈 레트르 제스뻬르 오씨
당신은 편지 한장 받기를 원하고 나도 그렇습니다.
→ espérez, j'espère

④ La pluie ne (*pénétrer*) pas dans la chambre. → pénètre
라 쁠뤼 느 뻬네트르 빠 당 라 샹브르
빗물이 방안까지 들어오지 않는다.

⑤ Nous (*pénétrer*) dans la maison. → pénétrons
누 뻬네트롱 당 라 메종
우리는 집안으로 들어간다.

이브 뒤떼이

프랑스 샹송의 보수적인 경향은 60년대 초의 예예족과 최근에 이르러서는 쟝·쟈끄·골드만, P.뻬르손, F.라반 등의 등장으로 희미해져 가고 있다. 물론 60년대말 포크송의 영향을 입은 J.M. Caradec이나 M.L. Forestier등의 서정적인 출발을 간과할 수는 없다. 그러나 전통 샹송의 명백은 좀 더 뒤인 70년대 말에 새로운 모습으로 유지된다. 즉 다시 말하면 Les nouvelles chansons의 움직임이 바로 그것인데 이들 중 이브 뒤떼이의 이름은 조용한 가운데 커다란 관심을 모으게 된다.

이브 뒤떼이는 1972년 까지만 해도 Resserre du Diable이란 조그만 곳에서 주급 20프랑으로 노래를 부르며 실패를 거듭했던 무명가수에 지나지 않았다. 하지만 1978년 대표적인 chanson인 Prendre un enfant(어린아이의 손을 잡고서)이 프랑스 당시 판매실적 1위인 60만장이 팔리고, 「올림피아」의 스타로 출현함으로써 확고한 위치를 갖게 된다.

경쾌한 리듬을 즐겨 사용하는 그의 샹송은 밝고, 조그만 느낌, 평범함, 행복을 노래하는 것이 대부분이다. Petit pont du bois(조그만 나무 다리), Tarentelle, Le mur de lierre(송악 울타리) 등에서 「마르셀 빠뇰」이나 「지오노」「알퐁스·도데」의 이미지를 느낄 수 있다. 또한 Tisserand(방직공)이나 Le fruit de mon verger(과수원의 열매), Le cours du temps(시간의 흐름)은 거의 유사한 의미를 지닌 곡들로 인생에 대한 순박하지만, 신중한 한 젊은이의 독백을 들려준다.

그러나 그의 노래들은 비평가들에 의해 「의식의 결여」로 비판받기도 한다. 이브 뒤떼이자신이 말하듯 그의 노래속에는 부정적인 면이나 사회 문제 고발이 배제되어 있다. 폭력을 고발하기 보다는 한마디의 사랑의 말과 우정이 필요한 것이다.

자신을 이야기하기 위해 무대를 필요로 하지만 과도한 공연이나 무대 활동을 삼간다고 한다. 이것은 자신을 아끼는 대중을 우롱하지 않기 위함이고 자신에게 진실해지기 위해서라 한다.

2B

제16과

Mireille se présente 미레이가 자기 소개를 하다

1 Je m'appelle Mireille.
즈 마뻴 미레이

J'ai quatorze ans.
줴 까또르즈 앙

J'ai un frère, Patrick, et une sœur, Monique.
줴 엉 프레르 빠뜨릭 에 윈 쐬르 모니끄

Patrick a dix-sept ans.
빠트릭 아 디 쎄뜨 앙

Monique a vingt ans.
모니끄 아 뱅 땅

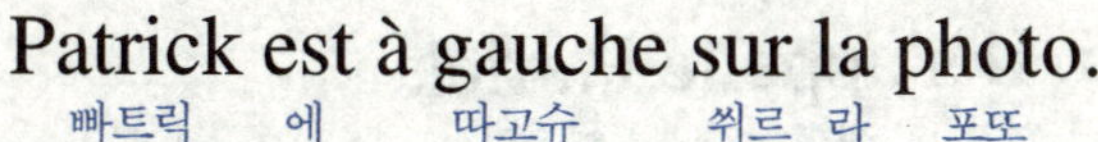

Patrick est à gauche sur la photo.
빠트릭 에 따고슈 쒸르 라 포또

Monique est à droite.
모니끄 에 따 드롸뜨

Et moi? Je suis entre Patrick et Monique.
에 뫄 즈 쉬 앙트르 빠트릭 에 모니끄

역 내 이름은 미레이입니다.
나는 14살입니다.
나는 오빠인 빠트릭이 있고 언니 모니끄가 있습니다.
빠트릭은 17살이고, 모니끄는 20살입니다.
빠트릭은 사진에서 왼쪽에 있습니다.
모니끄는 오른쪽에 있습니다.
그럼 나는 어디 있냐고요? 빠트릭과 모니끄 사이에 있습니다.

② **A** : Comment t'appelles-tu?
꼬망 따뻴 뛰

B : Je m'appelle Mireille.
즈 마뻴 미레이

A : Quel âge as-tu?
껠 아쥬 아 뛰

B : J'ai quatorze ans.
쥬 꺄또르즈 앙

A : Tu as un frère?
뛰 아 엉 프레르

B : Oui. Il s'appelle Patrick.
위 일 싸뻴 빠트릭

A : Quel âge a-t-il?
깰 아쥬 아 띨

B : Il a dix-sept ans.
일 아 디쎄뜨 앙

역 **A** : 네 이름 뭐니?
B : 미레이야.
A : 몇 살이지?
B : 14살이야.
A : 남자 형제 있니?
B : 응. 이름이 빠트릭이야.
A : 몇 살이지?
B : 17살이야.

3 **A** : Tu as aussi une sœur, n'est-ce pas?
뛰 아 오씨 윈 쐬르 네 스 빠

B : Oui, j'ai aussi une sœur.
위 줴 오씨 윈 쐬르

A : Comment s'appelle-t-elle?
꼬망 싸뻴 뗄

B : Elle s'appelle Monique.
엘 싸뻴 모니끄

A : Quel âge a-t-elle?
깰 아쥬 아 뗄

B : Elle a vingt ans.
엘 아 뱅 땅

역 A : 너는 여자 형제도 있니?
B : 응. 언니가 한 명 있어.
A : 이름이 뭐지?
B : 모니끄야.
A : 몇 살이야?
B : 20살이야.

단어와 표현

(1) Mireille se présente: "Je m'appelle Mireille"
미레이 쓰 프레장뜨 즈 마뻴 미레이

미레이가 스스로 소개한다. : 내 이름은 미레이입니다.

Elle s'appelle Mireille. 그녀의 이름은 미레이이다.
엘 싸뻴 미레이

Elle a 14 ans. 그녀는 14세이다.
엘 아 까또르즈 앙

(2) Patrick과 Monique를 소개해 보자.

Il s'appelle Patrick. 그의 이름은 빠트릭이다.
일 싸뻴 빠트릭

Il a 17 ans. 그는 17세다.
일 이 디쎄뜨 앙

Elle s'appelle Monique. 그녀의 이름은 모니끄다.
엘 싸뻴 모니끄

Elle a 20 ans. 그녀는 20세다.
엘 아 뱅 땅

(3) 자신의 가족을 소개해 보자.

Mon père, il s'appelle....
몽 뻬르 일 싸뻴

내 아버지는....

Ma mère, elle s'appelle....
마 메르 엘 싸뻴

내 어머니는....

(4) 오른쪽에. 왼쪽에, 가운데에.

Où est Mireille? 미레이가 어디 있지?
우 에 미레이

Elle est au centre. 그녀는 가운데 있다.
엘 에 또 쌍트르

Où sont Patrick et Monique?
우 쏭 빠트릭 에 모니끄

빠트릭과 모니끄는 어디 있지?

Patrick est à gauche et Monique est à droite.
빠트릭 에 따 고슈 에 모니끄 에 따 드롸뜨

빠트릭은 왼쪽에 모니끄는 오른쪽에 있다.

발음

à gauche 왼쪽에 〔고시〕로 발음하지 않도록 한다.
아 고슈

à droite 오른쪽에 오른쪽이라는 형용사는 droit (드롸) 이나 명사는 droite (드롸뜨) 인데 주의
아 드롸뜨

entre ~중간에
앙트르

âge 나이
아쥬

~n'est-ce pas? 그렇죠?
네 스 빠

문법

1군 동사의 변화

프랑스어 동사가 변화형을 가지려면 nous와 vous를 제외하고는 [ɛ] 모음이 있어야 하는데 이를 위해서는 자음을 중첩하거나 악쌍그라브를 붙어야 한다.

1. appeler 부르다
이쁠레

j' appelle (나) 자 뻴	nous appelons (우리) 누 자쁠롱
tu appelles (너) 뛰 아뻴	vous appelez (당신, 당신들) 부 자쁠레
il appelle (그) 일 아뻴	ils appellent (그들) 일 자뻴

jeter 던지다
즈떼

je jette (나) 즈 제뜨	nous jetons (우리) 누 즈똥
tu gettes (너) 뛰 제뜨	vous jetez (당신, 당신들) 부 즈떼
il jette (그) 일 제뜨	ils jettent (그들) 일 제뜨

2. acheter 사다
아슈떼

j' achète 자 셰뜨	(나)	nous achetons 누 자슈똥	(우리)
tu achètes 뛰 아셰뜨	(너)	vous achetez 부 아슈떼	(당신, 당신들)
il achète 일 아셰뜨	(그)	ils achètent 일 자셰뜨	(그들)

geler 얼다
즐레

je gèle 즈 젤	(나)	nous gelons 누 즐롱	(우리)
tu gèles 뛰 젤	(너)	vous gelez 부 즐레	(당신, 당신들)
il gèle 일 젤	(그)	ils gèlent 일 젤	(그들)

3. commencer 시작하다
꼬망쓰

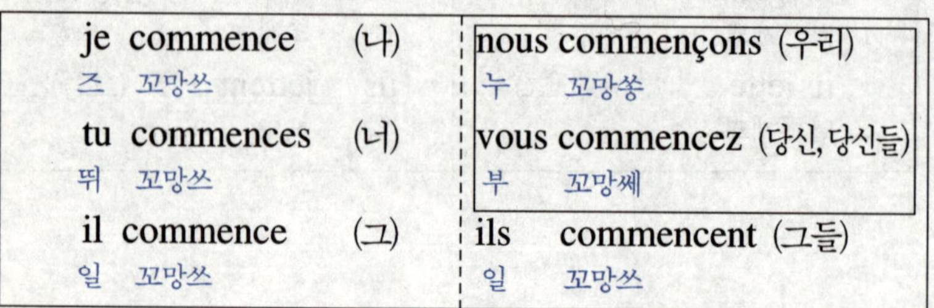

je commence 즈 꼬망쓰	(나)	nous commençons 누 꼬망쏭	(우리)
tu commences 뛰 꼬망쓰	(너)	vous commencez 부 꼬망쎄	(당신, 당신들)
il commence 일 꼬망쓰	(그)	ils commencent 일 꼬망쓰	(그들)

nous는 쎄디유(ç)와 같이 변화하는데 주의

연습문제

1. l 또는 ll, t 또는 tt 로 어미를 완성시켜봅시다.

① Appeler : J'appel ... J'appelle
자 뻴

Tu appel ... Tu appelles
뛰 아뻴

Il appel ... → Il appelle
일 아뻴

Nous appel ... nous appelons
누 자쁠롱

Vous appel ... vous appelez
부 자쁠레

Ils appel ... Ils appellent
일 자뻴

② Jeter : Je jet ... Je jette
즈 제뜨

Tu jet ... Tu jettes
뛰 제뜨

Il jet ... → Il jette
일 제뜨

Nous jet ... nous jetons
누 즈똥

Vous jet ... vous jetez
부 즈떼

Ils jet ... Ils jettent
일 제뜨

2. 필요하다면 악쌍(보조기호)을 붙이시오.

① Geler :	Je gele ...		Je gèle 즈 젤
	Tu geles ...		Tu gèles 뛰 젤
	Il gele ...	→	Il gèle 일 젤
	Nous gelons ...		nous gelons 누 즐롱
	Vous gelez ...		vous gelez 부 즐레
	Ils gelent ...		Ils gèlent 일 젤
② Acheter :	J'achete ...		J'achète 자 셰뜨
	Tu achetes ...		Tu achètes 뛰 아셰뜨
	Il achete ...	→	Il achète 일 아셰뜨
	Nous achetons ...		nous achetons 누 아슈똥
	Vous achetez ...		vous achetez 부 자슈떼
	Ils achetent ...		Ils achètent 일 자셰뜨

3. 괄호 안의 동사를 현재형으로 변화시켜봅시다.

① Vous(appeler) le chien, je(appeler)les enfants.
부 아쁠레 엉 시엥 자뻴 레 장팡

당신은 개를 부르고 나는 아이들을 부른다.

→ appelez, appelle

② Elle(jeter) des papiers, vous(jeter) un vieux sac.
엘 제뜨 데 빠삐에 부 즈떼 엉 비으 싹

그녀는 종이를 던지고 당신은 헌 자루를 버린다.

→ jette, jetez

③ Il neige:je(geler), vous(geler) aussi.→ gèle, gelez
일 네즈 :즈 젤 부 즐레 오씨

눈이온다. 나도, 당신도 꽁꽁언다.

④Ils(acheter) des disques, nous(acheter) des livres.
일 자셰뜨 데 디스끄 누 자슈똥 데 리브르

그들은 레코드를 구입하고 우리는 책을산다.

→ achètent, achetons

4. C 또는 ç, g 또는 ge 를 가지고 다음 동사변화를 완성시켜봅시다.

① commencer :	Je commen ...	Je commence 즈 꼬망쓰
	Tu commen ... →	Tu commences 뛰 꼬망쓰
	Il commen ...	Il commence 일 꼬망쓰
	Nous ...	Nous commençons 누 꼬망쏭
	Vous ...	Vous commencez 부 꼬망쎄

	Ils	Ils commencent 일 꼬망쓰
② Manger :	Je man ...	Je mange 즈 망쥬
	Tu man ... →	Tu manges 뛰 망쥬
	Il man ...	Il mange 일 망쥬
	Nous ...	Nous mangeons 누 망종
	Vous ...	Vous mangez 부 망줴
	Ils ...	Ils mangent 일 망쥬

CHANSON

Les Champs-Elysées	샹제리제
	노래 : Danièle Vidale
Je me balladais sur l'avenue	낯선 이에게 마음을 열고
Le cœur ouvert à l'inconnu	거리를 산책했어요
J'avais envie de dire bonjour à	누구에게라도 인삿말을
n'importe qui	전하고 싶었고
N'importe qui ce fut toi.	그것은 바로 당신이었지요.
Je t'ai dit n'importe quoi	당신께는 무엇이든 이야기했고
Il suffisait de te parler	친해지려면
Pour t'apprivoiser	말 건네는 것으로 충분했어요.
Aux Champs Elysées	샹젤리제에는
A midi ou à minuit	태양이 빛날때나, 비가 내릴때
Il y a tout ce que vous voulez	한 낮이나 깊은 밤에도
aux Champs Elysées.	원하는 것은 모두 다 있답니다.
Tu m'as dit j'ai rendez-vous	내게 말했지요.
Dans un sous-sol avec des fous	어느 지하 카페에서
Qui vivent la guitare à la main	밤낮 기타만 치고 사는
du soir au matin	미친 녀석들과 만나기로 했다나
alors je t'ai accompagné	그래서 난 당신을 따라가
On a dansé on a chanté	춤추고 노래했지만
Et l'on n'a même pas pensé	서로 껴안는다는 것은 생각조차
A s'embrasser.	하지 않았지요.
Hier soir deux inconnus	어제 저녁의 두 낯선 이들이
Et ce matin sur l'avenue	이 아침, 거리에서
Deux amoureux tout étourdis	긴 밤 지새우며 완전히 마음을
par la longue nuit	빼앗긴 두 연인으로 되었지요
Et de l'Etoile à la Concorde	에뚜왈 광장에서 콩코드광장에
Un orchestre, un mille cordes	이르기까지
Tous les oiseaux	오케스트라와 수 많은 현악기
du point du jour	동틀 무렵의 온갖 새들이
chantent l'amour.	사랑을 노래해요.

제17과

La famille Dupont 뒤뽕 가족

1 **A** : Patrick est ton frère?
빠트릭 에 똥 프레르

B : Oui, c'est mon frère.
위 쎄 몽 프레르

A : Et Émilie est ta sœur?
에 에밀리 에 따 쐬르

B : Oui, c'est ma sœur.
위 쎄 마 쐬르

역 **A** : 빠트릭이 네 형제니?
B : 응, 형이야.
A : 그럼 에밀리가 네 누이니?
B : 응, 내 누이야.

② **A** : Patick est le frère de Daniel?
빠트릭 에 르 프레르 드 다니엘

B : Oui, c'est son frère.
위 ` 쎄 쏭 프레르

A : Et Émilie est la sœur de Daniel?
에 에밀리 에 라 쐬르 드 다니엘

B : Oui, c'est sa sœur.
위 쎄 싸 쐬르

역 **A** : 빠트릭이 다니엘의 형이니?
B : 응, 그의 형이야
A : 그럼 에밀리가 다니엘의 누이니?
B : 응, 그의 누이야

③ **A** : Le Monsieur est ton père?
르 므쓔 에 똥 뻬르

B : Oui, c'est mon père. Émilie, Patrick et moi,
위 쎄 몽 뻬르 에밀리 빠트릭 에 뫄

nous sommes ses enfants.
누 쏨 쎄 장팡

A : Et là, c'est ta grand-mère?
에 라 쎄 따 그랑 메르

B : Oui, c'est ma grand-mère. Mon père et
위 쎄 마 그랑 메르 몽 뻬르 에

ma tante Berthe sont ses enfants.
마 땅뜨 베르뜨 쏭 쎄 장팡

역 **A** : 그 남자 분이 너의 아버지시니?
B : 응, 우리 아버지야. 에밀리, 빠트릭, 그리고 나, 우리는 그 분의 자식이지.
A : 저분은 너의 할머니시니?
B : 응, 나의 할머니야. 그러니까 우리 아버지와 베르뜨 아주머니가 그분의 자제분이야.

④ **A** : Ce sont tes parents?
쓰 쏭 떼 빠랑

B : Oui, ce sont mes parents.
위 쓰 쏭 메 빠랑

역 **A** : 너의 부모님들이시니?
B : 응, 우리 부모님들이셔.

⑤ **A** : Pascale est ton amie?
빠스깔 에 똔 아미

B : Oui, c'est ma cousine et mon amie aussi.
위 쎄 마 꾸진 에 몬 아미 오씨

A : C'est une grande amie?
쎄 뛴 그랑드 아미

B : Oui, c'est ma meilleure amie.
위 쎄 마 메이예르 아미

역 **A** : 빠스깔은 네 친구니?
B : 응, 내 사촌이자 내 친구도 돼.
A : 친한 친구니?
B : 응, 내 가장 좋은 친구야.

단어와 표현

(1) 소유형용사

- J'ai un frère → C'est mon frère
  줴 엉 프레르 → 쎄 몽 프레르
  나는 형(남동생)이 있다. → 나의 형이다.

Tu as un frère → C'est ton frère
뛰 아 엉 프레르 → 쎄 똥 프레르
너는 형이 있다. → 너의 형이다.

Il a un cousin → C'est son cousin
일 아 엉 꾸쟁 → 쎄 쏭 꾸쟁
그는 사촌이 있다. → 그의 사촌이다.

Elle a un cousin → C'est son cousin
엘 아 엉 꾸쟁 → 쎄 쏭 꾸쟁
그녀는 사촌이 있다. → 그녀의 사촌이다.

J'ai une sœur → C'est ma sœur
줴 윈 쐬르 → 쎄 마 쐬르
나는 누이가 있다. → 내 누이다.

Tu as une sœur → C'est ta sœur
뛰 아 윈 쐬르 세 따 쐬르

너는 누이가 있다. 너의 누이다.

Il a une cousine → C'est sa cousine
일 아 윈 꾸진 세 싸 꾸진

그는 여자 사촌이 있다. 그의 여자 사촌이다.

Mon grand-père et ma grand-mère
몽 그랑 뻬르 에 마 그랑 메르

내 할아버지와 할머니

→ Ce sont mes grands-parents.
쓰 쏭 메 그랑 빠랑

내 조부모님이시다.

Ton père et ta mère
똥 뻬르 에 따 메르

너의 아버지와 어머니

→ Ce sont tes parents
쓰 쏭 떼 빠랑

너의 부모님들이다.

Son père et sa mère
쏭 뻬르 에 싸 메르

그의 아버지와 어머니

→ Ce sont ses parents
쓰 쏭 세 빠랑

그의 부모님이다

(2) 뒤뽕 가족의 이름을 다음과 같이 써보자.

le grand-père:Dupont Olivier
르 그랑 뻬르 뒤뽕 올리비에

할아버지 :뒤뽕(성) 올리비에(이름)

la grand-mère:.......
라 그랑 메르

(3) 다음을 완성시켜 보자.

① Marianne a une chambre. 마리안은 방이 하나 있다.
마리안 아 윈 샹브르

→ C'est sa chambre. 그녀의 방이다.
쎄 싸 샹브르

② J'ai deux frères, ce sont ....
줴 되 프레르 쓰 쏭 메 프레르

나는 형제가 둘 있다.

③ Tu as des livres, ... 너는 책들이 있다.
뛰 아 데 리브르 쓰 쏭 떼 리브르

④ Il a un jean, ... 그는 청바지가 있다.
일 아 엉 진 쎄 쏭 진

⑤ Tu as un cartable, ... 너는 책가방이 있다.
뛰 아 엉 까르따블 쎄 똥 까르따블

→ mes frères

ce sont tes livres
c'est son jean
c'est ton cartable

발음

le frère 형제 악쌍그라브(è)가 붙어서 개음이 되는 전형적인 예
르 프레르

la sœur 자매 〔œ〕발음은 입술을 앞으로 빼고 동그랗게 해서 발음한다
라 쐬르

enfant 자식
앙팡

la tante 아주머니
라 땅뜨

le cousin 사촌 여성형과 발음이 구분되도록한다.
르 꾸잿

la cousine 여자사촌
라 꾸진

문법

1군 동사의 변화

1. nous 의 변화형에 ç (쎄디유)를 붙여야 하는 경우.

annoncer 알리다
아농쓰

j' annonce (나) 자 농쓰	nous annonçons (우리) 누 자농쏭
tu annonces (너) 뛰 아농쓰	vous annoncez (당신, 당신들) 부 자농쎄
il annonce (그) 일 아농쓰	ils annoncent (그들) 일 자농쓰

placer ~에 놓다
쁠라쎄

je place (나) 즈 쁠라쓰	nous plaçons (우리) 누 쁠라쏭
tu places (너) 뛰 쁠라쓰	vous placez (당신, 당신들) 부 쁠라쎄
il place (그) 일 쁠라쓰	ils placent (그들) 일 쁠라쓰

lancer 던지다
랑쎄

je lance (나) 즈 랑쓰	nous lançons (우리) 누 랑쏭
tu lances (너) 뛰 랑쓰	vous lancez (당신, 당신들) 부 랑쎄
il lance (그) 일 랑쓰	ils lancent (그들) 일 랑쓰

2. nous 의 변화형에 e가 첨가되어야 하는 경우

manger 먹다
망줴

je mange (나) 즈 망쥬	nous mangeons (우리) 누 망죵
tu manges (너) 뛰 망쥬	vous mangez (당신, 당신들) 부 망줴
il mange (그) 일 망쥬	ils mangent (그들) 일 망쥬

nager 수영하다
나줴

je nage (나) 즈 나쥬	nous nageons (우리) 누 나죵
tu nages (너) 뛰 나쥬	vous nagez (당신, 당신들) 부 나줴
il nage (그) 일 나쥬	ils nagent (그들) 일 나쥬

changer 바꾸다
상줴

je change (나) 즈 상쥬	nous changeons (우리) 누 상종
tu changes (너) 뛰 상쥬	vous changez (당신, 당신들) 부 상줴
il change (그) 일 상쥬	ils changent (그들) 일 상쥬

연습문제

1. 괄호 안의 동사를 현재형으로 써봅시다.

① Il(annoncer) l'arrivée de train. → annonce
일 아농쓰 라리베 드 트랭
그는 열차의 도착을 알린다.

② Nous(annoncer) les résultats de l'examen.→ annonçons
누 자농쏭 레 레질따 드 레그자맹
우리는 시험결과를 공고한다.

③ Nous(placer) les invités. → plaçons
누 쁠라쏭 레 쟁비떼
우리는 손님들을 앉게 한다.

④ Les enfants(lancer) le ballon. → lancent
레 장팡 랑쓰 르 발롱
어린이들은 공을 던진다.

⑤ Nous(lancer) la balle. → lançons
누 랑쏭 라 발
우리는 공을 던진다.

⑥ Je(commencer) la vaisselle. → commence
즈 꼬망쓰 라 베쎌
나는 설겆이를 시작한다.

⑦ Nous ne(recommencer) pas l'exercice.→ recommençons
누 느 르꼬망쏭 빠 레그제르씨쓰
우리는 연습문제를 다시 시작하지 않는다.

⑧ Vous(prononcer) bien le français.→ prononcez
부 프로농쎄 비엥 르 프랑쎄
당신은 프랑스어를 잘 발음한다.

2. 괄호 안의 동사를 현재형으로 쓰시오.

① Nous(plonger) dans la piscine et nous(nager).
누 쁠롱죵 당 라 삐씬 에 누 나죵

→ plongeons, nageons

우리는 풀장에 뛰어들어 헤엄친다.

② Vous(manger) des gâteaux, nous(manger) du chocolat.
부 망줴 데 가또 누 망죵 뒤 쇼꼴라

→ mangez, mangeons

당신들은 케익을 먹고 우리는 초콜렛을 먹는다.

③ Les enfants ne(ranger) pas la chambre.→ rangent
레 장팡 느 랑쥬 빠 라 샹브르

어린이들은 방을 정리하지 않는다.

④ Nous(changer) de l'argent.→ changeons
누 샹죵 드 라르장

우리는 환전한다.

⑤ Vous(déménager) bientôt.→ déménagez
부 데메나제 비엥또

당신들은 곧 이사한다.

⑥ Le douanier(interroger) les voyageurs.→ interroge
르 두아니에 앵떼로쥬 레 봐야죄르

세관원은 여행자들을 심문한다.

⑦ La musique(déranger) les voisins.→ dérange
라 뮈지끄 데랑쥬 레 봐쟁

음악이 이웃들을 방해한다.

⑧ Je(exiger) une réponse.→ J'exige
제그지쥬 윈 레뽕쓰

나는 답변을 요구한다.

3. 주어를 찾아 봅시다.

① .... mangeons au restaurant.→ Nous
누 망종 오 레스또랑

우리는 식당에서 식사한다..

② .... n'essuient pas la vaisselle.→ Ils
일 네쒸 빠 라 베쎌

그들은 설겆이를 하지 않는다..

③ .... parlez deux langues.→ Vous
부 빠를레 되 랑그

당신은 2개 언어를 말한다..

④ .... aimes la tarte aux pommes.→ Tu
뛰 엠 라 따르뜨 오 뽐

너는 사과파이를 좋아한다..

⑤ .... préfère la tarte aux fraises.→ Je
즈 쁘레페르 라 따르뜨 오 프레즈

나는 딸기파이를 더 좋아한다..

⑥ .... pénètrent dans la maison.→ Ils
일 뻬네트르 당 라 메종

그들이 집안으로 들어온다..

⑦ .... rangeons les affaires.→ Nous
누 랑종 레 자페르

우리는 짐들을 정리한다..

⑧ .... ne voyages pas beaucoup.→ Tu
뛰 느 봐야쥬 빠 보꾸

너는 여행을 많이 하지 않는다..

이브 몽땅

1921년 10월 13일 이태리 피렌체 근처의 작은 마을에서 유태계 농부의 막내로 태어난 그의 본명은 Yvo Livi. 매일 저녁 식사 시간에 그를 부르던 어머니가 유창한 이태리어로 Yvo , monta!라고 외쳤던 것에서 Yves Montand 이라는 예명을 갖는다.

그의 가족은 1923년 뭇솔리니 정권을 피해 프랑스로 이주, 마르세이유 뒷골목에서 자란다. 11세때 학교를 그만두고 카페의 웨이터, 바텐더, 공장직공, 이발사 조수 등을 하면서 노래를 했는데 아마추어로서는 상당한 수준이었다.

1939년 마르세이유의 「알카자르」에서, 그리고 삼류 영화나 뮤직홀에서 노래를 하며 전쟁으로 노래일이 없을 때는 부두 노동을 했다. 당시의 성공한 노래는 'Dans les plaines du Far-West' . 재능에 대해 어느 누구보다도 자신이 강했던 그는 1944년 2월 빠리로 올라와 'A.B.C'와 계약을 맺는다. 밤색으로 칼라가 열린 와이셔츠와 같은 색 바지의 항상 단순한 옷차림으로 무대에 서는데, 「물랭 루즈」에서 공연하는 동안 그는 에디뜨 삐아프를 만난다. 그들은 같은 생각, 같은 갈망, 같은 목적을 갖고 있었고, 그녀는 많은 조언을 해주었고, 그는 변해간다.

이브 몽땅은 전쟁 후 젊은층에게 '되어보고 싶은' 우상으로서 부상하는데, 그의 노래는 'Ma môme-ma petite môme' 등 시적인 면에서 노래를 만드는 Henri Contet나 Edouard Chekler의 음악으로 샹송 스케치를 그에게 써 주던 삐아프에 힘입어 매우 풍부해진다. 46년 에디뜨 삐아프는 그녀가 만든 영화 「빛나는 별」에 출연시켰는데, 신통하지는 못했지만 이것이 계기가 되어 마르셀 까르느 감독의 '밤의 입구' 에 나간다. 이것 역시 별로 였으나 이 영화에서 그는 그당시 프랑스에서 아주 유명했던 자끄 프레베르의 시 「Les feuilles mortes」「Les enfants qui s'aiment」를 부르게 되고, 그와의 만남은 대중적 노래를 불렀던 몽땅에게 「Barbara」「Sanguine」등 시적인 노래를 하게 하는 전기를 마련한다.

프레베르는 그에게 젊은 작곡가인 프랑시스 르마르끄를 소개, 첫 대면에서 그의 작사·작곡인 「Ma douce vallée」「A Paris」 등 두 곡을 받고, 이후로도 그는 「Les Routiers」「Mathilda」 등을 이브몽땅에게 준다.

1951년 배우인 시몬느 시뇨레와 결혼하고 「에뚜왈극장」에서 단독쇼를 가졌는데, 연속 7주 동안이나 인기를 얻었다. 영화 배우로서 인기를 얻게 된 것은 1953년 끌루조 감독의 「공포의 보수」로, 이것은 특히 외국에서 성공을 거두었고, 많은 좋은 역할을 가져다 준다. 영화를 만드는 틈틈이 단독쇼로 세계를 순회했고, 1953년 10월 5일부터 54년 4월 5일까지 6개월간 「에뚜왈 극장」 에서 리사이틀을 열어, 총 수익금이 1억1800만 프랑, 이십만명의 관중으로, 빠리 연예계에 신기록을 세운다. 그에게 노래를 부르는 것, 그것은 예술이며 기교다. 작가도, 작곡가도 아니지만 다른 사람보다 훨씬 많이 일했다. 특히 노래의 기교에 대해 많은 시간을 할애했는데 이것은 어떤 정도가 있는 것이 아니라 희생과 경험으로써, 다른 이들을 보고, 많이 틀리고, 열심히 바로 잡음으로써 가능했던 것이다.

제18과

Michel va à l'école 미셸은 학교에 간다

1 **A** : Tu es prêt, Daniel?
뛰 에 프레 다니엘

B : Non, Maman, pas encore.
농 마망 빠 장꼬르

A : Vite, Daniel!
비뜨 다니엘

B : Pourquoi, Maman?
뿌르꽈 마망

A : Parceque tu es en retard, Daniel.
빠스끄 뛰 에 정 르따르 다니엘

역 **A** : 준비 다 됐니 다니엘?

B : 아뇨 어머니. 아직 안됐어요.
A : 서둘러라, 다니엘
B : 왜요, 엄마?
A : 늦었으니까, 다니엘.

2 **B** : Tu as tes affaires?
뛰 아 떼 자페르

A : Non, Maman, Où est mon cartable?
농 마망 우 에 몽 까르따블

B : Voici ton cartable. Vite, Daniel!
봐씨 똥 까르따블 비뜨 다니엘

역 B : 물건은 다 챙겼니?
A : 아뇨, 엄마, 책가방이 어디 있죠?
B : 자 여기 네 가방이 있다. 서둘러라, 다니엘.

3 **A** : Tu as tout maintenant? Qu'est-ce que tu cherches?
뛰 아 뚜 멩뜨낭 깨스끄 뛰 셰르슈

B : Je cherche mon stylo.
즈 셰르슈 몽 스띨로

A : Voilà ton stylo. Qu'est-ce que tu cherches
발라 똥 스띨로 깨스끄 뛰 셰르슈

encore?
앙꼬르

B : Mes livres, où sont mes livres?
메 리브르 우 쏭 메 리브르

A : Voilà! J'ai trouvé tes livres. Vite, vite, Daniel!
발라 줴 트르베 떼 리브리 비뜨 비뜨 다니엘

B : Merci, Maman.
메르씨 마망

역 **A** : 이제는 다 됐니? 무엇을 계속 찾고 있니?
B : 만년필을 찾고 있어요.
A : 자, 여기 있다. 무얼 또 찾고 있니?
B : 내 책들요, 책들이 어디 있죠?
A : 자, 여기 있다. 내가 찾았다. 서둘러라, 다니엘.
B : 고마와요, 엄마.

단어와 표현

(1) **Pourquoi?** 왜?
뿌르꽈

Parce que ...... 왜냐하면 ......
빠스끄

Pourquoi la maman de Daniel dit: Vite?
뿌르꽈 라 마망 드 다니엘 디 비뜨

왜 다니엘의 엄마는 '서둘러' 라고 말하나?

Parce qu'il est en retard. 그가 늦었기 때문이다.
빠스 낄 에 떵 르따르

* parce que 는 a, e, i, o, u 앞에서 parce qu' 가 된다.

⑵ 복합과거 (Passé Composé) 「 ~했다. 」

J'ai trouvé tes livres. 나는 네 책들을 찾았다.
줴 트루베 떼 리브르

J'ai trouvé 나 줴 트루베	Nous avons trouvé 우리 누 자봉 트루베
Tu as trouvé 너 뛰 아 트르베	Vous avez trouvé 당신, 당신들 부 자베 트루베
Il a trouvé 그(그녀) 일(엘)아 트루베	Ils ont trouvé 그들(그여자들) 일(엘)종 트루베
(Elle)	(Elles)

다니엘의 엄마는 친구에게 말한다.

"j'ai rencontré Madame Dupont ......"
줴 랑꽁트레 마담 뒤뽕

나는 뒤뽕 부인을 만났는데 ……

⑶ 다음의 공란을 parler, trouver, réserver, regarder동사로 완성시켜 보자.

① J' .... avec elle,............ un bon hôtel pour
줴 빠를레 아벡 엘 엘 아 트루베 엉 본 오텔 뿌르

les vacances et .... une chambre.
레 바깡쓰 에 아 레제르베 윈 샹브르

나는 그녀와 애기했다, 그녀는 휴가를 보낼 좋은 호텔을 찾아 예약했다.

→ ai parlé, a trouvé, a réservé

② .... un bon film à la télévision, ...
줴 르가르데 엉 봉 필름 아 라 뗄레비종 줴 트루베

Alain Delon très bien
알랭 들롱 트레 비엥

나는 TV에서 멋진 영화를 봤는데, 거기서 알랭들롱은 아주 멋있었다.

→ J'ai regardé. j'ai trouvé

발음

prêt/prête 준비된
프레 프레뜨

pas encore 아직, S가 다음단어의 첫모음에 Z로 연결되는데 주의.
빠장꼬르

déjà 이미
데자

en retard 늦은
엉 르따르

le cartable 책가방
르 까르따블

문법

1. 2군동사(ir로 끝나는 동사)의 변화

~ is	~ issons
~ is	~ issez
~ it	~ issent

복수형의 - ss -에 주의하자

grandir 키우다, 크다
그랑디르

Je 즈	grandis 그랑디	Nous 누	grandissons 그랑디쏭
Tu 뛰	grandis 그랑디	Vous 부	grandissez 그랑디쎄
Il 일	grandit 그랑디	Ils 일	grandissent 그랑디쓰

choisir 고르다
쇼와지르

Je 즈	choisis 쇼와지	Nous 누	choisissons 쇼와지쏭
Tu 뛰	choisis 쇼와지	Vous 부	choisissez 쇼와지쎄
Il 일	choisit 쇼와지	Ils 일	choisissent 쇼와지쓰

finir 끝내다, 끝나다
피니르

Je finis 즈 피니	Nous finissons 누 피니쏭
Tu finis 뛰 피니	Vous finissez 부 피니쎄
Il finit 일 피니	Ils finissent 일 피니쓰

2. 불규칙 동사

sortir 나가다, 외출하다
쏘르띠르

Je sors 즈 쏘르	Nous sortons 누 쏘르똥
Tu sors 뛰 쏘르	Vous sortez 부 쏘르떼
Il sort 일 쏘르	Ils sortent 일 쏘르뜨

ouvrir 열다(ir 로 끝나지만 1군동사처럼 변화한다)
우브리르

J'ouvre 주 브르	**Nous ouvrons** 누 주부롱
Tu ouvres 뛰 우브르	**Vous ouvrez** 부 주부레
Il ouvre 일 우브르	**Ils ouvrent** 일 주부르

연습문제

1. 다음 괄호 안의 동사를 현재 변화 시키시오.

① L'architecte(démolir) une vieille maison et(bâtir) un
라르시떽뜨 데몰리 윈 비에이드 메종 에 바띠 언
immeuble. → démolit, bâtit
임뫼블
건축가는 낡은 집을 허물고 새 건물을 짓는다.

② Je(nourrir) le chat et je(remplir) le bol.
즈 누리 르 샤 에 즈 랑쁠리 르 볼
→ nourris, remplis
나는 고양이를 먹인다. 밥그릇을 채워준다.

③ Les enfants(obéir) quelquefois et(désobéir) souvent.
레 자팡 오베이쓰 껠끄꽈 에 데조베이쓰 쑤방
→ obéissent, désobéissent
어린이들은 이따금은 말을 잘 듣지만 대체로 말을 잘 듣지 않는다

④ Vous(réunir) des amis. → réunissez
부 레위니쎄 데 자미
당신은 친구들을 모은다.

⑤ L'avion(atterrir)à l'aéroport. → atterrit
라비옹 아떼리 아 라에로뽀르
비행기가 착륙한다.

⑥ Nous(réfléchir) beaucoup et nous(choisir) un cadeau.
누 레플레시쏭 보꾸 에 누 쇼와지쏭 엉 까도
→ réfléchissons, choisissons
우리는 심사숙고해서 선물을 고른다.

2. 다음 문장의 주어를 복수형으로 만드시오.

① Je choisis un film comique.
즈 쇼와지 엉 필름 꼬미끄

→ Nous choisissons ...... 우리는 코믹한 영화를 선택한다.
누 쇼와지쏭

② Tu remplis la bouteille.
뛰 랑쁠리 라 부떼이

→ Vous remplissez ...... 너희들은 병을 가득 채운다.
부 랑쁠리쎄

③ La petite fille réussit l'exercice.
라 쁘띠뜨 피으 레위씨 레그제르씨쓰

→ Les petites filles réussissez ......
레 쁘띠뜨 피으 레위씨쎄

어린 소녀들이 시험에 성공한다.

④ Je finis le livre.
즈 피니 르 리브르

→ Nous finissons ...... 우리는 그 책을 끝낸다.
누 피니쏭

⑤ L'autobus ralentit.
로또뷔쓰 라랑띠

→ Les autobus ralentissent ...... 버스들은 속도를 늦춘다.
레 조또뷔쓰 라랑띠쓰

⑥ Le médecin guérit le malade.
르 메드쌩 게리 르 말라드

→ Les médecins guérissent ..... 의사들은 환자를 치료한다.
레 메드쌩 게리쓰

⑦ Le spectateur applaudit le clown.
르 스빽따뙤르 아쁠로디 르 끌룬

→ Les spectateurs applaudissent ......
레 스빽따뙤르 아쁠로디쓰

관객들이 광대에게 박수갈채를 보낸다.

살바토레 아다모

1943년 11월 1일 이탈리아 시실리아에서 출생한 아다모는 1947년 벨기에 에마데로 이주, 유년 시절을 보낸다. 감수성이 예민했던 그는 외국어에 능통해 15살 때 할아버지로부터 물려 받은 기타로 샹송을 작사·작곡하여 가까운 이들에게 들려주곤 했었다.

1961년 빠리에서 실패한 후 벨기에로 돌아와 대학 진학 후 친구들과 「Idelfi」라는 밴드를 조직하여 그 이듬해 「Sans toi, ma mie」로 대성공. 1965년 1월 12일 드디어 「올림피아」에서 빠리 데뷔 무대를 갖고 성공을 거두나, 66년 아버지 안토니오의 죽음으로 절망하게 된다. 이때의 심정을 「En bandoulière」에서 노래한다. 많은 영향을 주었던 그의 아버지는 이후에도 여러 노래에서 감동적으로 그려지고 있다.

1967년부터 세계 연주 여행을 떠난 그는 '6일 전쟁'이 발발한 중동지역을 방문한 후 「인시 알라」를 발표하여 평화에 대한 그의 염원을 노래했다.

1969년엔 아폴로 우주선의 역사적인 달 착륙을 기념하여 「A demain, sur la lune」(내일은 달 위에서)을 발표해 인류의 달에 대한 꿈의 실현을 노래했다. 같은 해, 소꼽친구, 니꼴과 결혼, 아들 안토니가 탄생한다.

1970년 자신의 소년 시절을 영화화한 「L'île de coquelicot(개양귀비의 섬)」의 제작, 주연을 했고, 1972년엔 벨기에 브뤼셀 왕립 경기장에서 데뷔 10주년 공연을 갖고 수 개월에 걸친 소련 공연을 성공리에 마쳤다.

1977년 4월의 「올림피아」공연은 그의 샹송세계에 또 하나의 전환점이 됐고 여기에서 「Manuel, La colombe」와 같은 대작을 발표하여 원숙기에 접어 든다. 1976년 한때 부인과의 불화설이 메스컴을 탔으나 이를 극복하고 1980년에 처녀 시집 「Le chameur d'océan(바다의 마법사)」을 부인에게 헌정하고, 아들 Benjamin의 탄생으로 사랑의 확신을 하기도 했다.

과거에 지적 계층의 소유였던 전통 샹송의 개방성에 그의 공헌은 컸고, 지난 20년간 7천만장이라는 샹송 사상 최대의 판매량과 함께 발표한 샹송은 300여곡이 된다. 그러나 다작의 매너리즘에 빠지지 않고 시적인 수준에 이르는 가사와 아름다운 멜로디를 생명으로 하는 그의 샹송들은 서정이 깃들여 있다.

경험을 바탕으로 한 그의 노래들이 60년대엔 낭만적인 것에 의거했었다면 요즈음엔 인생을 보는 안목과 사회에 대한 성찰이 깊어짐에 따라 시사성과 현실성이 두드러진다. 「샹소니에」로서 뿐만 아니라 한 인간으로서의 성실성과 따스한 인간애를 중요시하는 면을 보여주고 있다.

제19과

L'anniversaire de Bernard 베르나르의 생일

1 **A** : Bonjour, Nicole.Comment ça va?
봉쥬르 니꼴 꼬망 싸 바

B : Salut, Claudine. Ça va bien, merci. Et toi?
쌀뤼 끌로딘 싸 바 비엥 메르씨 에 똬

A : Très, très bien, car la semaine prochaine,
트레 트레 비앵 까르 라 스멘 프로셴

c'est les vacances à Biarritz. Je suis contente!
쎄 레 바깡쓰 아 비아리쯔 즈 쒸 꽁땅뜨

B : Mais samedi vous êtes encore ici, Françoise
메 쌈디 부 제뜨 앙꼬르 이씨 프랑스와즈

et toi?
에 똬

C : Bien sûr. Samedi, nous sommes encore
비엥 쐬르 쌈디 누 쏨 앙꼬르

à Grenoble.
아 그르노블

Mais pourquoi demandes-tu ça?
메 뿌르꽈 드망드 뛰 싸

B : Parce que c'est l'anniversaire de mon
빠스끄 쎄 라니베르쎄르 드 몽

frère Bernard.
프레르 베르나르

역 **A** : 안녕, 니꼴. 잘 지내니?
B : 안녕, 끌로딘. 잘 지내, 고마와. 너는 어때?
A : 아주 좋아. 왜냐하면 다음주에는 비아리쯔로 바캉스를 떠나거든. 나는 만족스러워
B : 하지만 토요일엔 여기 있지? 프랑스와즈와 너는?
C : 물론. 토요일엔 계속 그르노블에 있을꺼야. 그런데 그건 왜 묻지?
B : 왜냐하면 나의 형 베르나르의 생일이기 때문이야.

2 **A** : Quel âge a-t-il?
껠 아쥬 아 띨

B : Dix-huit ans.
디즈 위 땅

C : Qu'est-ce que tu offres à ton frère?
깨 스 끄 뛰 오프르 아 똥 프레르

Tu as déjà un cadeau?
뛰 아 데자 엉 까도

B : Oui, un très beau stylo. Il y a une boum
위 엉 트레 보 스띨로 일 이 아 윈 붐

samedi. Vous venez?
쌈디 부 브네

A : Oui, volontiers.
위 볼롱띠에

B : Entre huit et neuf heures, ça va?
앙트르 위 떼 네 뵈르 싸 바

C : Oui, ça va. Mais maintenant, je vous quitte,
위 싸 바 메 맹뜨낭 즈 부 끼뜨

je vais chez mon ami. Au revoir. A samedi.
즈 베 셰 몬 아미 오 르봐 아 쌈디

B : Au revoir.
오 르봐

역 **A** : 그는 몇살 이지
B : 18살
A : 너의 형에게 뭘 줄거니? 너는 이미 선물 준비했니?
B : 응. 아주 멋진 만년필. 토요일엔 파티가 있어. 올거지?
A : 응. 기꺼이 그렇게 하지

B : 8시에서 9시사이 어떠니?
C : 좋아. 하지만 지금은 가봐야 해. 친구집에 간다.
안녕, 토요일에 보자
B : 안녕

단어와 표현

(1) **Quel jour est-ce aujourd'hui?**
깰 주르 에 스 오쥬르뒤

오늘은 몇월 몇일 이죠?

Quel jour sommes-nous?
깰 주르 쏨 누

오늘은 며칠이죠?

Quelle date est-ce?
깰 다뜨 에 스

오늘은 며칠이죠?

(2) **Combien de mois dans une année?**
꼼비엥 드 롸 당 쥔 안네

1년에는 몇달이 있죠?

Dans une année, il y a douze mois
당 쥔 안네 일 이 아 두즈 뫄

1년에는 12달이 있습니다.

Combien de jours dans une semaine?
꼼비엥 드 주르 당 쥔 쓰멘

1주일에는 며칠이 있죠?

Il y a sept jours.
일 이 아 쎄뜨 주르

7일 있습니다.

Combien de semaines dans l'année?
꼼비엥 드 쓰멘 당 란네

1년에 몇주가 있습니까?

Il y a 52 semaines.
일 이 아 쌩깡뜨되 쓰멘

52주가 있습니다.

(3) le printemps 봄
르 프랭땅

l'été 여름
레떼

l'automne 가을
로똔

l'hiver 겨울
리베르

(4) la semaine prochaine 다음주
라 스멘 프로셴

anniversaire 생일
아니베르세르

발음

prochain/prochaine 프로셍 프로셴	다음의
volontiers 볼롱띠에	기꺼이. 끝의 rs는 묵음이다.
déjà 데자	이미
neuf heures 네뵈르	9시. [f]가 [v]음으로 이어져 발음된다.

연습문제

1. 괄호안의 동사들을 현재형으로 써봅시다.

① Je ne(craindre) pas le froid. → crains
즈 느 크랭 빠 르 프롸

나는 추위를 겁내지 않는다.

② Tu(peindre) le mur. → peins
뛰 뺑 르 뮈르

너는 벽을 칠한다.

③ Il(rejoindre) une amie. → rejoint
일 르조앵 윈 아미

그는 여자친구와 만난다.

④ Nous(plaindre) les malades. → plaignons
누 쁠레뇽 레 말라드

우리는 환자들을 측은하게 여긴다.

⑤ Vous(éteindre) la lumière. → éteignez
부 제떼녜 라 뤼미에르

당신은 불을 끈다.

⑥ Ils(atteindre) le sommet de la montagne. → atteignez
일 자떼녜 르 쏘메 드 라 몽따뉴

우리는 심사숙고해서 선물을 고른다.

⑦ Nous(rejoindre) les étudiants de la classe.→ rejoignons
누 르좌뇽 레 제뛰디앙 드 라 끌라쓰

우리는 학급의 학생들과 만난다.

⑧ Je(teindre) les cheveux de Catherine. → teins
즈 땡 레 스보 드 까뜨린느

나는 까뜨린느의 머리를 염색한다.

⑨ Il(éteindre) la lampe. → éteint
일 에뗑 라 랑쁘

그는 램프를 끈다.

⑩ Vous(craindre) un accident. → craignez
부 크레녜 언 악씨당

당신은 사고를 두려워 한다.

2. 동사의 어미를 써봅시다.

① mettre 놓다	: Je me .... →	mets 메
	Tu me	mets 메
	Il me	met 메
	Nous me	mettons 메똥
	Vous me	mettez 메떼
	Ils me	mettent 메뜨
② connaître 알다, 사귀다	: Je conn .... →	connais 꼬네
	Tu conn	connais 꼬네
	Il conn	connaît 꼬네
	Nous conn	connaissons 꼬네쏭
	Vous conn	connaissez 꼬네쎄
	Ils conn	connaissent 꼬네쓰

마리 라포레

마리 라포레(Marie Laforêt)는 1939년 10월 5일, 지롱드 지방의 「술락·쉬르·메르」에서 Maïtena Domenach란 이름으로 출생한다. 대학 입학 자격 시험을 미치고, 문학 공부를 하고 있을 때, 배우가 되고 싶어하는 그의 언니와 함께 「미셸극장」을 찾아간다. 여기에서 레이몽 룰루가 주관하는 「스타탄생」이란 프로에 방송출연 했는데, 18살인 마이트나는 이 콘테스트에서 입상하고, 마리 라포레로 이름도 바꾸게 된다.

결혼하기 전 그녀는 르네 끌레망이 감독한 「태양은 가득히」「생·트로뻬 부르스」에, 1961년엔 장·가브리엘 알비코코의 「금빛눈의 소녀」(La fille aux yeux d'or)에 출연하고, 곧 결혼하지만 그것이 실패로 끝나자 1963년 새로운 직업으로서의 전환을 보여 준다. 그것이 바로 가수이다.

8살때 이미 샹송콘테스트에 출전했고, 조금 커서는 가지고 다니며 노래하기 위해 기타를 배웠다. 그녀의 첫번째 판은 대성공을 거두어 국제적 명성을 갖게 한다. 지칠 줄 모르는 예술적 열정을 가진 마리 라포레는 순회공연을 이용하여 진귀한 미술품들을 찾아보고, 미술관들을 방문한다. 미술작품을 취급하는 공매인과의 결혼은 그림의 매매가 그녀의 진정한 천직이란 생각이 들 정도로 영향을 준다. 그녀는 공매의 실제와 기술을 습득하기 위해 빠리의 연수기관서 3년여를, 쥬네브에 있는 「모뜨」화랑에서 새로운 세계로의 문을 두드리는 견습을 쌓았다. 그후 그녀는 보다 성숙한 샹송들을 들려주었다.

제20과

Quel jour est-ce aujourd'hui? 오늘은 몇월 며칠입니까?

1 **A** : Quel jour est-ce aujourd'hui?
깰 주르 에 쓰 오쥬르뒤

B : C'est mardi.
쎄 마르디

A : Quelle date est-ce?
깰 다뜨 에 쓰

B : C'est le 1er octobre.
쎄 르 프르미에 옥또브르

A : Ce n'est pas le 2 octobre aujourd'hui?
쓰 네 빠 르 되 옥또브르 오쥬르뒤

B : Non, non, c'est le 1er octobre.
농 농 쎄 르 프르미에 옥또브르

역 **A** : 오늘은 무슨 요일입니까?
B : 화요일입니다.
A : 몇월 며칠이죠?
B : 10월 1일입니다.
A : 오늘은 10월 2일이 아닌가요?
B : 아닙니다. 10월 1일 입니다.

2 **A** : Ton anniversaire, c'est quand?
똔 아니베르쎄르 쎄 깡

B : C'est le 1er février.
쎄 르 프르미에 페브리에

A : Et l'annirersaire de ton frère?
에 라니베르쎄르 드 똥 프레르

B : C'est le 2 août.
쎄 르 되 우

A : Et l'anniversaire de ta sœur?
에 라니베르쎄르 드 따 쐬르

B : C'est le 3 mars.
쎄 르 트롸 마르쓰

역 **A** : 네 생일은 언제지?
B : 2월 1일이야.
A : 네 형의 생일은?
B : 8월 2일.
A : 누이의 생일은?
B : 3월 3일이야.

③ **A** : Ta fête, c'est quand?
따 훼뜨 쎄 깡

B : C'est le 7 janvier. Et toi, tu as ta fête quand?
쎄 르 쎄뜨 장비에 에 똬 뚜 아 따 페뜨 깡

A : Ma fête, c'est le 25 août.
마 훼뜨 쎄 르 뱅쌩끄 우

역 **A** : 네 생일은 언제지?
B : 1월 7일. 그럼 네 생일은 언제지?
A : 내 생일은 8월25일이야.

④ **A** : Mon anniversaire, c'est au printemps, le
몽 아니베르쎄르 쎄 또 프랭땅 르

4 mai. Et ton anniversaire, Catherine?
까트르 메 에 똔 아니베르쎄르 까뜨린느

B : C'est en été, le 9 août. Et ton anniversaire,
쎄 떤 에떼 르 네프 우 에 똔 아니베르쎄르

Paul?
뽈

A : C'est en automne, le 24 octobre.
쎄 떤 오똔 르 뱅까트르 옥또브르

Et ton anniversaire, Mariane?
에 똔 아니베르쎄르 마리안

B : C'est en hiver, le 12 décembre.
쎄 떤 이베르 르 두즈 데쌍브르

역 **A** : 내 생일은 봄이야. 5월 4일
까뜨린느 네 생일은 언제지?
B : 여름이야. 8월9일. 그럼 뽈, 네생일은 언제지?
A : 가을이야. 10월24일
마리안 네 생일은 언제야?
B : 겨울이야. 12월12일

단어와 표현

(1) lundi 월요일
랭디

mardi 화요일
마르디

mercredi 수요일
메르크르디

jeudi 목요일
쥬디

vendredi 금요일
방드르디

samedi 토요일
쌈디

dimanche 일요일
디망슈

(2) janvier 1월
장비에

février 2월
페브리에

mars 3월
마르쓰

avril 4월
아브릴

mai 5월
메

juin 6월
주엥

juillet 7월
주이에

août 8월
우

septembre 9월
쎕땅브르

octobre 10월
옥또브르

novembre 11월
노방브르

décembre 12월
데쌍브르

(3) Quel est le jour de ton anniversaire?
깰 에 르 주르 드 똔 아니베르쎄르

네 생일은 몇월 며칠이지?

Quel est le jour de la fête nationale française?
깰 에 르 쥬르 드 라 퀘뜨 나씨오날 프랑쎄즈

프랑스국경일은 몇월 며칠이지?

(4) Nous sommes au printemps 지금은 봄이다.
누 쏭 오 프랭땅

en été 여름이다.
언 에떼

en automne 가을이다.
언 오똔

en hiver 겨울이다.
언 이베르

발음

printemps 프랭땅	봄	p.t.k 다음에 r가 오면 〔쁘, 뜨, 끄〕가 아니라 〔프, 트, 크〕로 발음된다.
automne 오똔	가을	m이 묵음이다.
septembre 쎕땅브르	9월	sept 에서는 p가 묵음이나 septembre 에서는 p와 t가 모두 발음된다.
août 우	8월	〔우〕〔우뜨〕등 몇가지로 발음되지만 표준발음은 〔우〕다.
mars 마르쓰	3월	r와 s가 모두 발음된다.

연습문제

괄호안의 동사들을 현재형으로 써봅시다.

① Je(mettre) des gants. → mets
즈 메 데 강
너는 장갑을 낀다.

② Ils(permettre) la visite du château. → permettent
일 뻬르메뜨 라 비지뜨 뒤 샤또
그들은 성의 방문을 허락한다.

③ Le cœur(battre) → bat
르 꾀르 바
심장이 뛴다.

④ Elle(combattre) l'injustice. → combat
엘 꽁바 랭쥐스띠쓰
그녀는 불의에 대항해 싸운다.

⑤ Nous(promettre) un voyage aux enfants. → promettons
누 프로메똥 엉 봐야쥬 오 장팡
우리는 어린이들에게 여행을 약속한다.

⑥ Vous(transmettre) des informations. → transmettez
부 트랑스메떼 데 젱포르마씨옹
당신은 정보를 전한다.

⑦ Les bébés(naître) à l'hôpital. → naissent
레 베베 네쓰 아 로삐딸
아기들이 병원에서 태어난다.

⑧ Tu(paraître) fatigué. → parais
뛰 빠레 파띠게
너는 피곤해 보인다.

⑨ Il(disparaître) dans la nuit → disparaît
일 디스빠레 당 라 뉘
그는 밤에 사라진다.

⑩ Tu ne(connaître) pas bien le quartier. → connais
뛰 느 꼬네 빠 비엥 르 까르띠에

너는 그 동네를 잘 모른다.

엘렌느

최근 프랑스음악도 미국음악과 크게 다른 바가 없다고들 한다. 그 만큼 맑은 느낌을 주는 「순수」 샹송 가수가 드물어졌다고도 할 수 있다. 그런데 최근에 아름다운 샹송을 들려주는 몇몇 가수가 나와 정다운 노래들을 들려주고 있고 그 중 한 사람으로 엘렌느를 꼽을 수 있다.

78년 엘렌느가 자크 뒤트롱과 영화 「검은 양」(Le mouton noir)을 찍었을 때 많은 사람들은 그녀의 이미지를 '블루'라고 단정지었다. 푸른 색은 흔히 우울하고 슬픈 사람을 나타내기도 하지만 12살 소녀에게서 느끼는 풋풋함과 푸르름, 투명함을 말하기도 한다.

엘렌느를 본 사람이면 누구나 그녀에 대한 이런 표현을 쉽게 이해할수 있다. 금발의 긴 생머리와 따뜻한 밤색 눈을 가진 만년 소녀 엘렌느. 그녀의 이런 청순한 이미지는 그녀의 노래 속에서 더욱 여실히 나타난다.

첫 싱글 「그의 푸른 눈동자 속에서」(Dans ses grands yeux verts)로 데뷔, 데뷔와 동시에 10만장 이상의 판매고를 올리며 화려한 출발에 성공한 때가 1987년. 1966년 생인 그녀가 21살이 되던 해이다. 이로부터 1년6개월 지난 89년 초에 첫 앨범 「기차는 떠나고」(Ce train qui s'en va)를 발표했는데 이 앨범에서 그녀는 맑고 갈끔한 보컬을 구사해서 많은이들의 사랑을 받는다. 이 앨범은 국내에서도 발매가 되었다. 타이틀곡인 「기차는 떠나고」는 화장품 CF 배경음악으로 사용되는 등 우리 귀에도 친숙하다.

엘렌느 음악의 특징은 부담없이 들을 수 있다는 것. 어쿠스틱한 반주, 자연스런 멜로디가 바쁜 도시생활 속의 청량제 같은 상쾌함을 느끼게 하는데 가장 큰 이유는 공해에 오염되지 않은 듯한 그녀의 목소리에 있다.

1집의 성공 이후 1992년 11월에 발표한 2집에서도 역시 처음과 다름없는 투명함으로 어필하고 있다. 첫 싱글 「한 소년에 대한 사랑을 위하여」(Pour l'amour d'un garçon)는 발매 첫 주부터 인기순위에 진입, 그녀에 대한 팬들의 사랑을 알 수 있게 했다. 이 곡은 그녀가 주연을 맡아 열연하고 있는 TV 드라마 「엘렌느와 남자 친구들」(Hélène et les garçons)의 주제곡.

엘렌느는 가수로서뿐만 아니라 연기자로서도 그 실력을 인정받고 있다. 91년에 출연했던 TV드라마 「첫 키스」(Premier baiser)로 10대의 사랑을 한 몸에 받기도 했다. 이 TV드라마 주제곡이었던 「첫 키스」는 엠마뉘엘(Emmanuelle)이 부른 사춘기 소녀의 사랑과 설레임을 아름답게 표현한 곡이다.

CHANSON

Pour l'amour d'un garçon 한 소년에 대한 사랑을 위하여

노래:Hélène

Une fille Ça a le cœur tout rempli de chansons Qui refleurissent à toutes les saisons Pour l'amour d'un garçon	사계절 꽃피는 노래들로 가득찬 넓은 마음을 가진 소녀 한 소년의 사랑을 위해
Une fille Ça a les yeux tout remplis de bonheur Quand un matin elle sent battre son cœur Pour l'amour d'un garçon	어느날 아침 가슴이 고동치는 걸 느낄 때 행복으로 가득찬 두눈을 가진 소녀 한 소년의 사랑을 위해
Ça peut parfois n'être plus que chagrin Lorsque personne ne lui tient la main	그러나 아무도 손을 잡아주지 않을 때 때때로 슬픔만이 남는다
Une fille c'est si fragile et si tendre à la fois Et ça peut tellement souffrir quelquefois Pour l'amour d'un garçon	연약하면서도 부드럽고 가끔씩 너무도 고통스러운 소녀 한 소년의 사랑을 위해
Ça peut parfois n'être plus que chagrin Lorsque personne ne lui tient la main	그러나 아무도 손을 잡아주지 않을때 때때로 슬픔만이 남는다

Une fille Ça peut aussi avoir le cœur brisé Et passer toutes ses nuits à pleurer Pour l'amour d'un garçon	부드러운 가슴을 가질 수도 매일 밤을 울면서 보낼 수도 있는 소녀 한 소년의 사랑을 위해
Une fille Ça rêve de passer toute sa vie Sans dire un mot tout tendrement blottie Dans les bras d'un garçon	평생을 아무말 없이 조용히 기대어 보내길 꿈꾸는 소녀 한 소년의 품에서
Tout une vie Dans les bras d'un garçon	평생을 한 소년의 품에서

부 록

문법 총정리

1. 복합과거 (passé composé)

(1) 과거분사

-é: -er동사 aimer → aimé, aller→allé

-i: -ir동사 finir →fini, sortir → sorti

-u: -re, -ir, -oir 등의 동사

attendre → attendu, tenir → tenu, vouloir → voulu

불규칙 형태: avoir → eu, être → été, faire → fait,

prendre → pris

(2) 형태

① **avoir + p.p** : 모든 타동사와 대부분의 자동사

J'ai téléphoné à Marie. 나는 마리에게 전화했다.

② **être + p.p** : 일부 자동사

aller 가다, venir 오다, partir 떠나다 등

Elles sont allées au cinéma hier.

그 여자들은 어제 영화관에 갔다.

(과거분사를 성 · 수에 일치하는데 주의)

③ 부정문

Je n'ai pas rencontré Pierre.

나는 삐에르를 만나지 못했다.

④ 의문문

Avez-vous rencontré Pierre?

삐에르를 만났습니까?

2. 대명동사의 복합과거

(1) se가 직접목적어일 때

se lever 일어나다 → s'être levé

je me suis	levé(e)	nous nous sommes	levé(e)s
tu t'es	levée)	vous vous êtes	levé(e)(s)
il(elle) s'est	levé	ils(elles)se sont	levé(e)s

Elles se sont levées. 그 여자들은 일어났다.
Elles se sont lavé les mains. 그 여자들은 손을 씻었다.

● se가 직접목적어일 때만 과거분사는 주어의 성・수에 일치하는데 주의.

(2) se가 간접목적어일 때

se laver les mains (손을 씻다) → s'être lavé les mains.

je me suis	lavé les mains	nous nous sommes	lavé les mains
tu t'es	lavé les mains	vous vous êtes	lavé les mains
il(elle) s'est	lavé les mains	ils(elles) se sont	lavé les mains

- 부정문: ne s'être pas+p.p
  Je ne me suis pas levé.
  나는 일어나지 않았다.
- 의문문: s'être+주어+p.p
  Vous êtes-vous promené hier?
  어제 산책했습니까?

3. Y와 EN 대명사

A. Y 대명사

1) | à + 명사, 부정사, 절 |

여기서 명사는 사물에만 한정되며 사람일 경우에는 à lui 등으로 된다.

J'ai répondu à cette lettre. → J'y ai répondu.
나는 이 편지에 답했다.

J'ai répondu au professeur. → Je lui ai répondu.
나는 선생님께 대답했다.

2) | à (en, dans…) + 장소 |

Je suis allé à la ville. → J'y suis allé.
나는 그 도시에 갔다.

B. EN 대명사

| de + 장소 | 를 대치한다.

Je suis revenu de la ville. → J'en suis revenu.
나는 그 도시에서 돌아왔다.

4. 미래

어미

-rai [re]	-rons [rɔ̃]
-ras [ra]	-rez [re]
-ra [ra]	-ront [rɔ̃]

① -er동사:

je parlerai	nour parlerons
tu parleras	vous parlerez
il parlera	ils parleront

② 나머지 동사들도 je finirai, tu finiras처럼 -rai, ras, ra, rons, rez, ront으로 활용한다.

③ 불규칙형

avoir → j'aurai	être → je serai
aller → j'irai	faire → je ferai
venir → je viendrai	voir → je verrai

■ **si** ~라면

Si j'ai le temps, je finirai ce travail.

시간이 있다면 나는 이 일을 끝낼 것이다.

■ **comme** ~이기 때문에

Comme mon père est très fâché, il ne m'écoutera pas.

아버지는 매우 화가 나셨기 때문에 내 말을 듣지 않으실 것이다.

■ **quand** ~ 할 때에는

Il viendra quand il sera libre. 그는 시간이 나면 올 것이다.

5. EN대명사의 용법

① de + 명사, 부정사, 절

여기서 명사는 사물에만 한정되며 사람인 경우 de lui처럼 된다.

J'ai besoin de ce livre. → J'en ai besoin.

나는 이 책이 필요하다.

J'ai besoin de Marie. → J'ai besoin d'elle.

나는 마리가 필요하다.

② EN, Y의 위치

다른 직,간접목적어 인칭대명사 + Y (+EN)

Je me souviens de mon enfance. → Je m'en souviens.

나는 내 어린시절을 회상한다.

6. 반과거

(1) 형태

현재형 nous의 어미 - ons를 떼고 다음을 대치한다.

-ais	-ions	[jɔ̃]
-ais	-iez	[je]
-ait	-aient	[ɛ]

그러나 être는 j'étais nous étions

tu étais vous étiez

il était ils étaient

(2) 용법

① 과거의 상태, 지속되는 동작을 나타낸다.
Quand je suis arrivé à Paris (동작), il pleuvait (상태).
내가 빠리에 도착했을 때, 비가 오고 있었다.
Quand je suis entré dans sa chambre (동작), il travaillait(지속되는 동작). 내가 그의 방에 들어갔을 때, 그는 일하고 있었다.

② 과거의 습관
Elle allait à l'église tous les dimanches.
그녀는 일요일 마다 교회에 다녔다.

③ 시제의 일치에서 과거에 있어서의 현재: 주절 동사가 과거일 때 종속절 동사의 현재시제는 반과거로 한다.
Il me dit qu'il est fatigué.
그는 내게 자기가 피곤하다고 말한다.
→ Il m'a dit qu'il était fatigué.
그는 내게 자기가 피곤하다고 말했다.

7. 의문대명사: 그중 어느것이?

남성단수 lequel	여성단수 laquelle
남성복수 lesquels	여성복수 lesquelles

Voici deux livres. Lequel préférez-vous?
여기 책이 두권있습니다. 그중 어느것을 더 좋아하십니까?
Lequel de ces livres préférez-vous?
이 책들중 어느것을 더 좋아하십니까?

8. 지시대명사

남성단수 celui	여성단수 celle
남성복수 ceux	여성복수 celles

지시대명사는 일반적으로 「정관사+명사」를 대치한다.

Je préfère la robe de Marie.

→ Je préfère celle de Marie.

나는 마리의 드레스를 더 좋아한다.

9. EN대명사 : 「명사 + 소유의 de + 명사 」를 대치한다.

J'ai la valise, mais je n'en ai pas la clé. (en=de la valise)

나는 여행가방이 있지만 그 가방의 열쇠는 없다.

10. 대과거 (plus-que-parfait)

(1) 형태: avoir(être) 반과거 + p.p

acheter 사다 : j'avais acheté
il avait acheté

venir 오다 : j'étais venu(e)
tu étais venu(e)
il était venu

se lever 일어나다 : je m'étais levé(e)
tu t'étais levé(e)
il s'était levé

(2) 용법:

a. 과거에 있었던 동작(복합과거)보다 먼저 일어난 행위를 나타낼 때
Quand je suis arrivé chez elle, elle était déjà partie.
내가 그녀의 집에 도착했을 때 그녀는 이미 떠나고 없었다.

b. 주절의 동사가 반과거일 때. 시간의 접속사(quand)와 함께 사용되어 과거의 습관을 나타내기도 한다.
Quand ils avaient déjeuné, ils jouaient aux cartes.
그들은 식사하고 나서 카드놀이를 하곤 했다.

c. 시제의 일치에 있어서 "과거의 과거":
주절의 동사가 과거일 때 종속절 동사는 대과거가 된다.
Il m'a dit qu'il avait été très occupé la veille.
그는 그 전날 매우 바빴다고 내게 말했다.

11. 전미래 (futur antérieur)

미래의 어떤 시점 보다 먼저 완료됨을 나타내는 시제

(1) 형태:

avoir(être)의 미래 +p.p

(3) 용법:

J'aurai écrit cette lettre quand vous reviendrez.
당신이 돌아오실 때까지는 이 편지를 써 놓겠습니다.

Je serai revenu dans trois heures.
3시간 후에는 돌아와 있을 것입니다.

12. 조건법 현재

(1) 형태: 미래어간 + 반과거의 어미

-rais	-rions	[rjɔ̃]
-rais	-riez	[rje]
-rait	-raient	[rɛ]

aimer → j'aimerais ...
avoir → j'aurais ...
finir → je finirais ...
être → je serais ...
faire → je ferais ...
aller → j'irais ...

(2) 용법

① 현재의 사실과 반대인 가정, " ~이면 ~일 것이다."

si + 반과거, 조건법 현재

S'il faisait beau aujourd'hui, je ferais une promenade.
오늘 날씨가 좋다면 나는 산책을 할 것이다.
(Mais je ne ferai pas une promenade, car il fait mauvais)
그러나 날씨가 나쁘기 때문에 나는 산책하지 않을 것이다.

② 시제의 일치에 있어서 "과거에 있어서의 미래":

주절 동사가 과거시제일 때 종속절 동사의 미래는 조건법 현재가 된다.

Il m'a a dit qu'il viendrait me voir le lendemain.
그는 그 다음날 나를 보러 오겠다고 말했다.

③ 완화된 어조에서

Je veux acheter une cravate.
→ Je voudrais acheter une cravate.
나는 이 넥타이를 사고 싶습니다.

Est-ce que samedi vous conviendrez?
토요일은 괜찮으시겠습니까?

13. 조건법 과거

(1) 형태: avoir(또는 être) 조건법 현재 + p.p

parler →	j'aurais parlé	nous aurions parlé
	tu aurais parlé	vous auriez parlé
	il aurait parlé	ils auraient parlé

aller →	je serais allé(e)	nous serions allé(e)s
	tu serais allé(e)	vous seriez allé(e)s
	il serait allé	ils seraient allés

(2) 용법

① 과거 사실과 반대되는 가정

"~였으면~였을 것이다."

Si + 직설법 대과거, 조건법 과거

Si j'avais eu le temps, j'aurais fini ce travail.
시간이 있었으면 이 일을 끝냈을 것이다.
(Mais comme je n'avais pas le temps, je n'ai pas fini ce travail.)
그러나 시간이 없었기 때문에 나는 이 일을 끝내지 못했다.

② devoir의 조건법 과거 + 동사원형

J'aurais dû / Vous auriez dû + inf.
나는 ~했어야 한다.
당신은 ~했어야 한다.

J'aurais dû finir mes devoirs.
나는 내 과제물을 끝냈어야 한다.

Je n'aurais pas dû / Vous n'auriez pas dû + inf.
나는 ~하지 말았어야 한다.
당신은 ~하지 말았어야 한다.

Vous n'auriez pas dû lui rendre sa lettre.
당신은 그녀에게 그의 편지를 전하지 말았어야 한다.

14. 접속법

(1) 형태

A. 접속법 현재

① je, tu, il(elle), ils(elles)

직설법현재 ils의 어미 ent를 e, es, e, ent로 바꾼다.

-e	-ions	[jɔ̃]
-es	-iez	[je]
-e	-ent	[-]

② nous, vous는 직설법 반과거를 사용한다.

<u>예외</u>

avoir → que j'aie, tu aies, il ait, nous ayons, vous ayez, ils aient

être → que je sois, tu sois, il soit, nous soyons, vous soyez, ils soient

aller → que j'aille, ... que nous allions

faire → que je fasse, ... que nous fassions

pouvoir → que je puisse, ... que nous puissions

savoir → que je sache, ... que nous sachions

B. 접속법 과거

avoir(또는 être)의 접속법 현재 + p.p

parler → que j'aie parlé
aller → que je sois allé(e)

(2) 용법

① 주절동사가 의지, 의심, 감정(기쁨, 슬픔, 두려움, 놀라움) 등을 나타낼 때 종속절 동사는 접속법으로 사용된다.
주절 · 종속절의 주어가 같을 때는 동사원형을 사용한다.

Je voudrais finir ce travail.
나는 이 일을 끝내고 싶습니다.
Je voudrais que vous finissiez ce travail.
나는 당신이 이 일을 끝내시기를 바랍니다.

② 비인칭구문

- Il faut que ... ~해야 한다.
  Il faut que j'aille à Paris.
  나는 빠리에 가야한다.
- il vaut mieux que ... ~하는 것이 더 낫다.
  il est normal que ... ~ 는 당연하다
  il est possible que ... ~ 는 가능하다

③ 주절이 판단을 나타내는 동사의 의문 · 부정을 종속절이 불확실한 사실로 나타낼 때.

Je ne crois pas qu'elle soit malade.
나는 그녀가 아프다고 생각하지 않는다.

(3) 형용사 절에서

① 선행사가 최상급, 유일함 또는 첫 번째, 마지막을 나타낼 때 (seul, unique, premier, dernier 등)

C'est le meilleur dictionnaire que je connaisse.
이것이 내가 알고 있는 가장 훌륭한 사전이다.

② 선행사가 rien, personne 등의 대명사일 때

Il n'y a personne qui soit content de ce résultat.
이 결과에 만족해 하는 사람은 아무도 없다.

③ 주절동사가 chercher, désirer, demander이고 부정관사, 부분관사, 수사, plusieurs등이 이끄는 선행사를 목적어로 할 때.
선행사를 정관사, 지시, 소유형용사등이 이끌 때는 직설법.

Je cherche la fille que j'ai rencontrée il y a trois mois.
나는 3개월 전에 만난 아가씨를 찾고 있다.

Je cherche une secrétaire qui sache parler français.
나는 프랑스어를 할 줄 아는 비서를 찾고 있다.

(4) 3인칭에 대한 명령: 발화자의 의지, 희망을 나타낸다.

Il veut aller au cinéma. 그는 극장에 가고 싶어한다.
→ Qu'il aille au cinéma! 그가 극장에 갔으면 좋겠다.

(5) 접속법에서 시제의 일치

① 접속법 현재: 주절 동사와 동시에 일어난 행위를 나타낼 때.

J'étais content qu'il travaille bien.
나는 그가 일을 열심히 하고 있어서 기뻤다.

② 접속법 과거: 주절 동사보다 먼저 있었던 행위를 나타낼 때.

J'étais content qu'il ait bien travaillé.
나는 그가 일을 열심히 했기 때문에 기뻤다.

(6) 부사절에서 사용될 때

목적, 양보, 조건 등을 나타내는 접속사 다음의 종속절 동사는 접속법이 사용된다.

afin que	~ 하기 위해
pour que	~ 를 위하여
sans que	~하지 않고
bien que, quoique ~	비록 ~ 이지만
à moins que (ne)	~하지 않는한
de peur que (ne)	~ 일까 두려워 하며
avant que (ne)	~ 하기 전에
en attendant que	~를 기다리며
jusqu'à ce que	~할때까지
de sorte que	~ 하기 위하여
pourvu que	~ 하기만 한다면

■ 주절 · 종속절의 주어가 같을 때는 동사원형이 사용된다.

Elle se nourrit bien pour aller mieux.
그녀는 건강을 회복하기 위해 잘 먹는다.

Elle le nourrit bien pour qu'il aille mieux.
그녀는 그가 건강을 회복하도록 잘 먹인다.

(7) 허사 ne

① 주절동사가 craindre(우려하다) avoir peur(겁내다)등 일 때 종속절에 의미가 없는 ne가 수반되기도 한다.

Je crains qu'il ne pleuve.
나는 비가 올까 우려한다.

② avant que, à moins que, de peur que 다음에도 허사 ne가 자주 함께 사용된다.

Elle se dépêche de peur que ses amis ne soient déjà partis.
그녀는 친구들이 이미 떠났을까봐 서두른다.

15. 현재분사

(1) 형태

- 단순형: 직설법현재 nous의 어미 ons 대신 -ant를 쓴다.
parler → parlant, finir → finissant

그러나 être → étant, avoir → ayant,
savoir → sachant

• 복합형: avoir(또는 être)의 현재분사 + p.p

parler → ayant parlé, sortir → étant sorti(e)(s)

(2) 용법

a. 이미 형용사가 된 현재분사는 수식하는 명사의 성・수에 일치시킨다.
livres intéressants 흥미있는 책들

b. 관계대명사 qui가 이끄는 절을 대치하는 현재분사는 성・수에 일치시키지 않는다.
J'ai vu une jeune fille descendant(=qui descendait) l'escalier.
나는 계단을 내려오는 아가씨를 보았다.

c. 이유, 시간, 양보, 조건 등의 부사절을 대신해 쓰인다.
Ayant beaucoup de travail (=comme j'ai beaucoup de travail) ...
일이 많아서 ~

(3) 시제

a. 단순형: 주절동사와 동시에 일어나는 행위를 나타낼 때.
b. 복합형: 주절동사보다 먼저 일어난 행위를 나타낼 때.

(4) 절대분사구문 : 주절, 종속절의 주어가 다를 때

Son amie étant partie, il est très triste.
그의 여자친구가 떠나서 그는 매우 슬프다.

16. 제롱디프 (gérondif)

(1) 형태 : en + 현재분사

(2) 용법

시간, 조건, 대립, 양보를 나타내는 부사절을 대신하며 주어는 주절 동사의 주어와 동일하다.

Il regarde la télévision tout en préparant sa leçon
(=pendant qu'il prépare sa leçon)
그는 수업을 준비하며 TV를 본다.

김 진 수

Paris-Sorbonne 대학 언어학 박사
교육방송 TV프랑스어 진행(91~94)
공보처 해외공보관 전문위원
(현) 서경대학교 불어과 교수

저서
- 프랑스어 문법 (삼지사)
- 프랑스어 강의 제 1,2,3 (삼지사)
- 프랑스어 첫걸음 (삼지사)
- 초급, 중급, 고급 프랑스어 (삼지사)
- 기초 프랑스어 회화 (삼지사)
- 프랑스어 문제연구 (삼지사)
- 프랑스어 어휘연구 (삼지사)
- 프랑스어 작문연구 (삼지사)
- 프랑스어 필수어휘 사전 (삼지사)
- 프랑스어 동사변화 & 문법 총정리 (삼지사)
- EBS 프랑스어 (한국교육개발원)
- Le traitement des adjectifs qualificatifs dans les dictionnaires bilingues (Presses de l'univ. Paris-Sorbonne) 외 다수

프랑스어 첫걸음

인 쇄 • 2003년 1월 20일
발 행 • 2003년 1월 30일
저 자 • 김 진 수
발행인 • 이 재 명
발행처 • **삼 지 사**
서울특별시 중구 신당동 249-20
전 화 • 2234-4560, 0733
팩 스 • 2232-3710
등 록 • 1983.8.1. 제4-6호
정 가 : 12,000원 (교재+TAPE 2개)

• 독자 여러분의 참신한 원고를 기다립니다.
• 잘못된 책은 구입하신 서점에서 바꾸어 드립니다.

ISBN 89-7358-335-2 18760